...NGRÈS BIBLIOGRAPHIQUE INTERNATIONAL *(France)*

Tenu à Paris du 13 au 16 avril 1898

SOUS LES AUSPICES DE LA SOCIÉTÉ BIBLIOGRAPHIQUE

LA

PRESSE PÉRIODIQUE

SPÉCIALEMENT LA PRESSE CATHOLIQUE

EN LANGUE ALLEMANDE

Par Cornélius REICHENBACH

(EXTRAIT DU COMPTE RENDU DES TRAVAUX)

PARIS

AU SIÈGE DE LA SOCIÉTÉ

5, Rue Saint-Simon, 5

—

1899

LA PRESSE PÉRIODIQUE

SPÉCIALEMENT LA PRESSE CATHOLIQUE

EN LANGUE ALLEMANDE [1].

D'après la dernière communication que le général maître des postes, feu le ministre von Stephan, a faite à la commission du budget du Reichstag allemand, il a paru en 1897 34,700 journaux dans le monde entier, répandus en 10 milliards 600 millions d'exemplaires environ. Parmi ces feuilles, 19,540 parurent en Europe, 12,400 dans l'Amérique du Nord, 750 en Asie, 609 dans l'Amérique du Sud. En langue anglaise parurent 14,500, en langue allemande 7,800, en langue française 3,850, en espagnol 1,000. Entre ces périodiques 4,020 parurent tous les jours en une à trois éditions, 20,000 à trois par semaine, le reste était des publications mensuelles ou annuelles.

J'ai évalué, en 1878, les publications en langue allemande, tant

---

1. Pour saisir l'ensemble du mouvement catholique dans les pays de langue allemande, depuis vingt-cinq ans, le lecteur est prié de consulter mes rapports faits au premier congrès bibliographique international de Paris en 1878; le rapport fait la même année et inséré dans le *Bulletin de la Société internationale d'économie sociale*, année 1878; l'*Association catholique*, années 1878, 1879, 1882; le *XXe Siècle*, à partir de 1896; la *Revue*, année 1897-98.

Les lecteurs studieux qui savent la langue allemande et qui veulent se faire une idée plus nette et plus approfondie que celle qui résulte des travaux superficiels, aussitôt oubliés aussitôt parus, des romanciers, pamphlétaires suisses et français qui ont trompé, induit en de funestes erreurs, sans le vouloir assurément, le public français sur les forces vives de l'Allemagne actuelle, consulteront avec grand profit, même après les études des Kannengiesser, Goyau et G. Blondel, forcément incomplètes, et comme œuvres d'analyse et de jeunesse entachées du défaut de leurs qualités, entre autres études et revues spéciales les *Christlich. sociale Blaetter*, où depuis 1867 jusqu'en 1882 le Dr Joerg, les abbés Schings et Bongartz, Mgr Ketteler, Ratzinger, Dr Eug. Jaeger, Dr R. Meyer, le baron de Vogelsang ont soutenu et défendu, avec nous autres plus jeunes De Curtins, Fr. Hohoff, J. Lœsevitz et d'autres amis, des doctrines d'histoire politique et de réforme telles qu'elles résultent des traditions de l'Église, du droit canon, de la république chrétienne du moyen âge. Le Play était d'accord avec nous jusqu'à sa mort.

Q

en Europe qu'en Amérique, à 5,000 environ ; on voit qu'il y a eu un progrès énorme depuis 20 ans.

Le chiffre exact est difficile à évaluer ; car j'estime que le catalogue officiel de l'office impérial des Postes — *Zeitungspost Catalog* — est lui-même au-dessous de la réalité, bien que cette publication présente, avec le catalogue similaire en Suisse, ce que le public des abonnés peut désirer de mieux en ce genre. On sait que dans tel pays ou tel autre — en Russie surtout — il ne faut pas s'attendre que l'administration des postes favorise la propagande, accepte seulement l'inscription des publications en opposition avec le système éphémère ou plus durable, qui règne et gouverne. Il y aura là un jour de surprenantes découvertes à faire. En 1897, la presse de l'empire allemand à proprement parler se composait de 3,405 organes quotidiens, hebdomadaires ou mensuels. En langue allemande, il y avait 3,337 publications périodiques inscrites au catalogue postal ; 39 en langue polonaise, quelques-unes en danois et en français. La presse quotidienne comptait 1,197 organes, dont 91 avec deux ou trois éditions par jour. Le tirage ordinaire fut évalué à près de 9 millions d'exemplaires, mais on peut bien estimer à 12 millions le nombre de feuilles d'impression quotidienne, ce qui donnerait en répartition sur 52 millions d'habitants une feuille pour cinq habitants. Les abonnements, très bon marché en comparaison du prix des journaux des pays non anglais ou allemands, donnaient une somme de 2 francs environ par habitant, soit près de 100 millions de francs. Nous verrons plus loin le détail des 900 journaux soi-disant incolores et sans opinion précise, c'est-à-dire ceux qui, pour n'être ni froids, ni chauds, méritent d'être rejetés, selon la parole de Notre-Seigneur Jésus-Christ ; des 72 journaux socialistes, 356 libéraux, 321 conservateurs, 318 catholiques. Avec des recherches patientes et consciencieuses, nous avons pu suivre le titre, le mode et le lieu de publication, le prix d'abonnement, le tarif des annonces, le nombre approximatif des abonnés de 2,400 journaux proprement dits.

La distribution à travers les 26 États confédérés, par provinces, voire même à travers les pays des deux mondes, n'est pas sans intérêt pour celui qui veut se faire une idée relativement exacte de l'activité intellectuelle, de l'esprit, des tendances et préoccupations religieuses, politiques, sociales des différentes races et classes parmi les peuples qui gravitent, pour une raison quelconque, à titre ethnique, politique, religieux ou simplement d'intérêt commercial, autour de la Confédération des États de l'empire allemand actuel.

Sans doute, le mot de Lycurgue fut dur déjà pour ses contemporains légers et vaniteux, mais il est toujours vrai, comme du temps des Athéniens et des Macédoniens. Les hommes se passionnent moins pour la République ou pour la monarchie, moins pour la Grèce ou pour la Perse ou pour la Macédoine, que pour leurs intérêts, qu'ils aperçoivent bien à travers les rêves abstraits des idéologues et à travers les phrases creuses des rhéteurs.

Je n'ai pu me procurer la statistique exacte des imprimeries allemandes, dont le nombre est à coup sûr de beaucoup supérieur au nombre des imprimeries françaises que la statistique a évaluées à la fin de 1897 à 1,042 dans le département de la Seine, à 2,940 dans les autres départements, à 115 en Algérie, à 56 en Tunisie et dans les autres colonies, soit à un total de 4,135.

La population du royaume de Prusse, le plus grand des États confédérés, est desservie par 2,060 journaux paraissant de une à dix-huit fois par semaine. Dans ce nombre ne sont pas comprises les publications illustrées, littéraires, techniques, professionnelles.

La Prusse rhénane est la province qui marche en tête avec 348 journaux, dont 17 à Cologne, 8 à Aix-la-Chapelle. La Silésie vient la deuxième avec 297 publications, dont 24 à Breslau, 9 pour les lecteurs slaves. La province primordiale de la Prusse, le Brandebourg, voit naître 270 journaux, dont 50 à Berlin, parmi lesquels une publication en langue anglaise ; la province de Saxe, avec 209 journaux dont 9 à Magdebourg, vient ensuite. La Westphalie, autant sinon plus catholique que la Prusse rhénane, donne le jour à 193 feuilles, dont 9 à Bochum, 3 en langue polonaise pour la population ouvrière, surtout minière, immigrée. La province du Hanovre, l'ancien royaume incorporé en 1866, compte 168 journaux dont 13 à Hanovre ; le Slesvig-Holstein, 120 dont 7 en langue danoise ou frisonne. Les autres provinces de l'ancienne monarchie d'avant 1815 et 1866, toutes protestantes, à l'exception de la Posnanie polonaise, suivent avec 98 journaux en Poméranie, 88 pour la Prusse orientale, 82 pour la Posnanie, dont 15 à Posen et 11 en langue slave, 68 pour la Prusse occidentale, 69 pour le pays de Hesse-Nassau, 52 pour la Hesse électorale. La petite principauté catholique de Hohenzollern-Hechingen-Sigmaringen, le berceau ancestral enclavé entre le Wurtemberg et le pays de Bade, publie 6 journaux.

Le royaume de Bavière fournit 410 journaux, dont 68 dans la Bavière Rhénane, si éveillée et si vivace, 24 à Munich, 11 à Nuremberg, 17 à Augsbourg, 9 à Wurzbourg.

Le petit royaume de Saxe, après la Chine et le royaume de Belgique l'État le plus peuplé de la terre, annonce 280 journaux, dont 20 à Dresde, y compris un anglais, 15 à Leipzig.

Le Wurtemberg lit 180 journaux, dont 23 à Stuttgart.

La population du grand-duché de Bade entretient 140 journaux, dont 13 à Carlsruhe, 7 à Mannheim, 6 à Heidelberg, 5 à Fribourg-en-Brisgau.

Les Alsaciens-Lorrains connaissent 60 publications en langue allemande, 4 en langue française ou bilingues à Metz, Mulhouse et Strasbourg. De ces journaux 25 paraissent chaque jour, 12 deux fois par semaine, 6 trois fois, 10 une fois ; la *Post*, publication officieuse, 13 fois par semaine.

Les villes libres publient : Hambourg, 35 journaux, Brême, 10. Lübeck, 6, dont quelques-uns très répandus, très estimés à cause de leurs informations politiques, commerciales et financières. Leur ancienne sœur, Francfort-sur-le-Mein, englobée dans la province de Hesse annexée en 1866, publie 19 journaux, parmi lesquels un en langue anglaise qui dessert, comme à Berlin et ailleurs en Allemagne, le très nombreux public anglais et américain.

Le grand-duché de Hesse-Darmstadt compte 85 feuilles. Les deux États patriarcaux des deux Mecklembourg comptent 68 journaux, dont 5 à Rostock, 4 à Schwerin et 11 dans le Strélitz, dont 2 seulement dans la petite capitale si calme.

L'Oldenbourg connaît 33 journaux, dont 2 dans la capitale. Les petits États d'Anhalt avec 27, du Brunswick avec 33, Detmold avec 12, les deux principautés de Reuss avec 11 et 7, les duchés : de Weimar avec 34, de Meiningen avec 24, de Gotha avec 17, d'Altenbourg avec 15 journaux, sont des pays de race saxonne, calme, réfléchie, loyale, conservatrice, protestante par accident politique, ne connaissant guère ni l'agitation ni la corruption des grandes agglomérations urbaines modernes.

Que si après cela nous jetons un coup d'œil sur la presse périodique qui se publie en langue allemande soit dans les pays limitrophes de la Confédération impériale, avec laquelle quelques-uns de ces pays, comme le Luxembourg et l'Autriche, ont formé naguère encore une Confédération germanique plus vaste, soit dans les pays où les éléments ethniques et la langue prépondérants sont de la même origine, comme en Suisse, ou enfin comme dans la grande confédération des États-Unis de l'Amérique Septentrionale où les races germaniques ont fourni la plus grande partie et la plus énergique de l'émigration dont le nombre n'est guère monté à moins de 6 à 8 millions dans les cinquante dernières années de ce siècle [1], un phénomène frappant se présente qui n'a d'analogie que dans la

---

1. 319,000 en 1854 ; 294,000 en 1872 ; 266,000 en 1873 ; 150,000 en 1879 ; près de 400,000 en 1882, pour citer seulement les années les plus marquantes depuis 1849, année où l'exode a commencé à être régulier, plus ou moins fort au fur et à mesure des crises locales, nationales, internationales.

prise d'influence du monde anglo-insulaire. Mais là encore il conviendra de bien remarquer la différence radicale dans ce double phénomène : que si la presse en langue anglaise, par exemple, s'appuie dans les cinq parties du monde, dans tous les coins du globe, sur la protection infaillible d'une dynastie, d'une religion d'État, d'une classe dirigeante noble ou roturière, riche et considérée dans la mère patrie, les éléments colons émigrants d'Allemagne ont eu partout contre eux et les gouvernements et les classes dirigeantes de la mère patrie. Ce que l'élément germain a obtenu hors de l'Europe, c'est malgré — ce qui ne veut point dire contre — la volonté, le désir, les tendances des dirigeants de la mère patrie ; pour la colonisation anglaise c'est juste le contraire, sauf pour l'élément irlandais qui n'a prospéré qu'aux États-Unis à côté du germain, tous deux affranchis de la politique contraire de la métropole. A New-York, à San-Francisco, à Philadelphie, à Saint-Louis, à Boston, à Pittsbourg paraissent des journaux allemands dont quelques-uns sont très considérés en Europe pour leurs informations. La presse catholique allemande a pris un essor inouï dans les États-Unis : il n'y a pas moins de 40 journaux catholiques en langue allemande. Les plus anciens sont *l'Ami de la vérité* fondé en 1837, paraissant actuellement à Baltimore à la succursale des frères Benziger d'Einsiedeln en Suisse, puis *le Héraut de la Foi*, fondé en 1850. Ils comptent pour leur édition hebdomadaire de 20 à 40,000 abonnés. Les autres, rédigés eux aussi pour la plupart par des prêtres, par des religieux bénédictins immigrés de la Suisse allemande et de l'Allemagne du Sud, d'où les abbayes d'Einsiedeln, d'Augsbourg et d'ailleurs ont puissamment essaimé depuis 60 ans, sont des publications mensuelles, hebdomadaires, journalières avec 1400-40,000 abonnés. La poussée démocratique et la crise économique de 1848-49 ; la persécution religieuse de la secte et de son instrument, Bismarck, de 1872 à 1884, ont eu comme conséquence une énorme émigration de paysans, d'ouvriers, de prêtres, de religieux allemands, suisses, autrichiens. De là ce phénomène, qu'on aurait de la peine à s'expliquer autrement, qu'il a été fondé aux seuls États-Unis 28 journaux catholiques en langue allemande dans la période de 1872 à 1894.

Je montrerai ailleurs, quand je parlerai de la presse socialiste, que Bismarck, à l'instar de Balaam et de sa monture, a obtenu juste le contraire de ce que la secte lui avait imposé comme tâche et qu'il avait embrassé avec toute l'ardeur de son tempérament de haïsseur incomparable. Les sots dont l'Écriture même n'a pas voulu délimiter le nombre, les gens pressés de canoniser grand homme tout venant peu scrupuleux, ont là une bonne occasion de méditer sur la niaiserie fabuleuse de l'histoire telle que les gens de parti pris ont accoutumé de l'écrire depuis tantôt trois siècles. Car enfin, eux et leurs petits grands hommes se sont-ils proposé dès 1872 de mettre les catholiques et les socialistes allemands, tous gens bien inoffensifs alors, bons Prussiens et bons Allemands, au premier plan, à la tête des bataillons qui combattent, depuis, le bon combat pour les deux cités, celle de Dieu et celle de l'autre ? Voyez comme la Providence s'est moquée d'eux et combien il est vrai que les hommes s'agitent et que Dieu les mène !

Le Brésil et les États latins de l'Amérique du Sud ont reçu également un fort appoint de l'émigration allemande ; ces éléments sont réputés les meilleurs en ces contrées. Il y a à Buenos-Ayres deux grands journaux en langue allemande ; dans la province de São-Paulo du Brésil, l'élément allemand et sa presse se sont montrés les plus avisés, les plus sages dans les commotions des dernières années. La presse de l'Allemagne est, par le fait de ses correspondants émigrés dans les pays au Sud de l'Équateur Américain, certainement la mieux renseignée en Europe.

La Russie, en dehors des provinces baltiques, où l'élément dirigeant est de souche germaine, que les mesures énergiques de russification, inaugurées dès 1874, n'ont pu et ne pourront pas de sitôt neutraliser, en dehors de Riga, Reval, Mitau, Dorpat, a des journaux en langue allemande, souvent très importants et justement appréciés à Pétersbourg, à Moscou, à Odessa, à Kazan et dans des villes moindres de la Russie méridionale où des colons allemands, protestants, luthériens, anabaptistes, frères moraves ont fondé d'importants centres agricoles et urbains.

L'Autriche-Hongrie publie au delà d'une centaine de journaux en langue allemande qui se lisent surtout dans l'Autriche proprement dite, dans le Tyrol, dans le Salzbourg, en Bohême. A vrai dire, la presse autrichienne, pour autant qu'elle compte à l'étranger, en politique et en affaires, est éditée en langue allemande. En Suisse il y a près de 60 journaux en langue allemande.

Constantinople, Bukarest, Paris, Londres connaissent des publications allemandes locales pour les besoins de la colonie. La presse du Luxembourg est rédigée en langue allemande.

Si nous examinons la presse périodique allemande au point de vue religieux, nous trouvons, d'après un excellent travail récent [1], qu'à vrai dire aucun autre peuple de l'Église n'a une presse politique aussi unie, aussi nombreuse, qui, au point de vue religieux, soit aussi franchement catholique et suive sans arrière-pensée les directions du

____

1. *Petit Manuel de la presse catholique en Allemagne, Autriche, Suisse, États-Unis*, par H. Keiter, directeur du *Hausschatz*, Ratisbonne, 1895, chez l'auteur.

vicaire de Notre-Seigneur Jésus-Christ. L'attitude des gouvernements et des classes dirigeantes fit d'ailleurs aux catholiques de langue allemande d'une vertu facile une nécessité impérieuse jusqu'à ces derniers temps ; les adversaires du Pape furent partout les antagonistes politiques et sociaux des catholiques de langue allemande.

Les races dynastiques et les classes dirigeantes ont suivi les injonctions de la secte avec une telle servilité que la soumission aux doctrines de l'Église fut une tâche assez aisée pour tout chrétien pratiquant. L'avenir est le secret de Dieu, mais ce serait chose étonnante que la race allemande devînt courtisane sur ses vieux jours et que, puisque les peuples semblent rentrer dans une ère où ils disposeront de nouveau eux-mêmes de leurs destinées, les peuples allemands allassent abdiquer de leur esprit d'indépendance qui les a caractérisés dans l'histoire.

Depuis 1686 jusqu'en 1895, il a paru en Allemagne et il paraît actuellement 84 journaux franchement catholiques. La *Gazette de la Poste d'Augsbourg*, fondée en 1686, en est la doyenne. La Westphalie, la Prusse Rhénane en ont vu naître lors des querelles religieuses de 1830 à 1848. Les commotions de 1849, qui ont donné naissance à l'institution des Congrès des comités catholiques en Allemagne, institution à laquelle Montalembert et Donoso Cortès, O'Connell et les grands catholiques anglais ont été invités à prendre part et qu'ils ont saluée avec enthousiasme comme « l'aurore du jour où les catholiques de tous les coins de la terre se réuniront comme des frères en un congrès pour la défense de la liberté religieuse [1] », ont vu naître un certain nombre de journaux catholiques à Aix-la-Chapelle et dans d'autres villes catholiques de la Prusse ; ces journaux existent toujours.

Les errements des années 1859 à 1870 en ont vu surgir d'autres un peu partout, mais les luttes religieuses de 1872 à 1890 en ont fait éclore plus de 200. Le mouvement continue toujours. La Prusse

---

1. Passage de la lettre de feu Montalembert à feu Fr.-Jos. chevalier de Buss, de Fribourg-en-Brisgau, fondateur et premier président du congrès des catholiques allemands en 1849.

Ajoutons que les catholiques allemands émigrés aux États-Unis ont été, avec les Suisses, les premiers et les seuls dans les deux mondes qui aient écouté la voix et imité l'exemple de leurs frères restés dans l'Europe centrale. Les catholiques américains de langue allemande ont organisé eux aussi des congrès catholiques annuels. Ils vont se réunir en 1898 sous la présidence de Mgr Katzer, archevêque de Milwaukee, originaire de la Haute-Autriche, en congrès catholique annuel. Le monde soi-disant latin a pu apprécier la sagesse et le bon sens de ces éléments aux États-Unis, alors que les autres éléments se sont laissé entraîner à une attitude aussi grotesque et ridicule vis-à-vis du Pape, de l'Espagne et de l'Europe que funeste et dangereuse pour l'avenir de la république fédérée du Nord. Nous avons entendu des prêtres et religieux américains, de souche yankee

Rhénane en compte actuellement 92, dont la *Gazette populaire de Cologne*, datant de 1594, qui est certainement le journal catholique le mieux fait, le mieux informé, le plus influent qui existe. La Westphalie publie 54 journaux, la Silésie 14, le Hanovre 14, le pays de Hesse-Nassau 8, Berlin 4, dont la *Germania* que les circonstances politiques et les luttes religieuses dans les parlements de Berlin ont placée à un moment donné au premier rang ; cet excellent journal a le mérite inappréciable de se maintenir à une hauteur estimable dans des circonstances différentes et dans un milieu si peu propice.

La province prussienne de la Saxe publie 4 journaux catholiques, les provinces de la Prusse Occidentale et Orientale, 5, l'Alsace-Lorraine, 8.

Le royaume de Bavière en lit 64, le Wurtemberg 10, le grand-duché de Bade 19, le grand-duché de Hesse 9, l'Oldenbourg 5.

L'Autriche publie 59 journaux catholiques en langue allemande, dont 14 à Vienne.

La Suisse donne le jour à 33 publications périodiques en langue allemande ; le Luxembourg à 3.

Dans ces 284 publications périodiques, plutôt politiques, ne sont pas comprises les publications spéciales : littéraires, scientifiques, théologiques, artistiques, socio-politiques, professionnelles ou sociétaires. Nous n'en ferons qu'une courte mention statistique en passant, puisque nous serons amené à en parler dans un autre cadre.

Il y a, outre les feuilles ou semaines religieuses des différents diocèses, 27 revues générales ou littéraires, dont le *Katholik* et les *Historisch politische Blätter* fondées en 1838 par J. Goerres et ses amis sont les plus anciennes. La théologie et ses parties pratiques sont traitées en 39 revues et publications paraissant en Allemagne, en Autriche et en Suisse, mais ayant leur clientèle de lecteurs indistinctement dans les trois pays et en Amérique. La littérature religieuse populaire, le genre ascétique, homilétique, les associations et confréries

et irlandaise, s'écrier : « On a avancé que les catholiques ne viendraient pas en aide au gouvernement dans la guerre faite à une prétendue nation catholique. Si la chose était vraie — et grâce à Dieu elle n'est pas vraie, il s'en faut — nous ne mériterions plus l'estime de nos concitoyens. » Le clergé politicien, que des influences venues de France et d'Italie ont excité scandaleusement, depuis quinze ans, contre les catholiques de langue allemande en Amérique et en Europe, décora dès le début de la guerre contre l'Espagne les façades des presbytères et les sanctuaires de drapeaux américains. Quand on vit quels étaient les fauteurs et les motifs peu avouables de ce grotesque emballement, on en a déchanté. Les Américains et d'autres seront heureux dans quelque temps si les éléments catholiques allemands veulent bien faire la police morale et remettre de l'ordre dans le désordre. Puisse cette rude leçon servir à de certains meneurs parfaitement connus !

religieuses, les œuvres monacales sont desservies par 39 publications ;
les Missions étrangères, la Terre Sainte, le mouvement anti-esclava-
giste, par une dizaine de publications, la plupart toutes récentes ; les
sciences et la réforme sociales, le droit canon, le droit public par 15 ;
les sciences naturelles par 2, ainsi que la philosophie ; la pédagogie
et l'enseignement par 33 ; l'histoire par 2, de même que l'ethnogra-
phie ; la musique sacrée par 13 ; les beaux-arts et leur histoire par 9 ;
les belles-lettres par 41 ; il existe en outre 14 publications sociétaires spéciales pour les associations d'étudiants catholiques, pour
les confréries de Saint-Vincent de Paul, pour l'association des commis catholiques, pour la Société de Saint-Raphaël, pour l'association populaire (Volksverein). Le bulletin de cette dernière est ré-
pandu par centaines de milliers d'exemplaires.

Examinons quatre types de journaux allemands pour comprendre le
secret de leur diffusion énorme, de leur influence réelle et profonde,
et enfin la différence qui distingue la presse allemande, anglaise,
américaine, la presse des races germaniques en général d'avec
la presse des pays latins.

I. — LA GAZETTE DE COLOGNE.

Cette grande feuille libérale paraît, sans compter les suppléments
nombreux, 18 fois par semaine en grand format, de 4 colonnes de
texte en petits caractères et en 8 de 60 centimètres ✕ 40 cm. colonnes d'annonces de 0 m. 004 de largeur. Le prix d'abonnement
par la poste est de 7 marcs = 8 fr. 75 pour Cologne et de 9 marcs
= 11 fr. 25 pour toute l'Allemagne ; le prix des annonces est de
40 fr. = 50 c. pour la ligne ou l'espace de quatre centimètres, de
1 m. 50 = 1 fr 875 pour les réclames. Le journal a des représentants
dans toutes les villes importantes de l'Allemagne, de l'Autriche, de la
Belgique et de la Hollande ; le service parlementaire de Berlin est
fait par un bureau spécial avec une ligne télégraphique spéciale ; il
possède un service téléphonique spécial pour chacune des rédactions
distinctes, à savoir deux fils pour le directeur de la partie générale
des informations politiques ; deux fils pour la partie commerciale ;
deux pour la direction du bureau des annonces et deux pour l'imprimerie et l'expédition. Il va sans dire que cette importante publication
est en relations suivies avec toutes les agences télégraphiques de
correspondances et d'annonces. Les gigantesques agences d'annonces des deux maisons juives de R. Mosse et de Haasenstein y publient
chaque jour de nombreuses colonnes d'annonces à côté des annonces
recueillies directement par le bureau de la *Gazette*.

Le n° supplément du n° 220 du 7 mars 1898, par exemple, contient

4 colonnes serrées d'annonces à 190 lignes par colonne, soit 760 lignes insérées par ces deux maisons ; la page se met ainsi à 1520 lignes, ce qui donne à 0 fr. 50 la somme de 750 francs par page. A côté de ces annonces à rabais consenti auxdites agences, il y a dans les 12 pages in-folio des trois éditions du 7 au 8 mars 46 colonnes d'autres annonces et surtout de réclames, de prospectus, de comptes rendus, de bilans de maisons de banque et de sociétés industrielles ; ici le prix est de 1 fr. 875 par espace de ligne de 40 mm. Ces 46 colonnes donnent à ce tarif une rentrée de 13,110 marcs, et avec les 600 marcs amenés par les deux maisons d'annonces, un total de 13,610 marcs = 17,012 fr. Sans doute il doit y avoir des rabais pour les arrangements réguliers et périodiques avec les maisons d'abonnés. Mais qu'on ne s'étonne pas de ces chiffres. Une statistique publiée en 1897 a constaté pour certains grands journaux de Berlin, qui, en dépit de leur importance locale, sont loin d'avoir l'importance nationale et internationale de la *Gazette de Cologne*, surtout dans le monde des affaires, une recette étonnante à certaines époques de l'année, surtout avant Noël et le jour de l'an, à Pâques, et aux époques saisonnières enfin. Le *Tagblatt*, le *Petit journal*, la *Feuille du matin*, certains autres journaux de Berlin, qui sont ou directement exploités ou en régie d'annonces par les maisons de Mosse ou de Haasenstein, ont fait des recettes d'annonces variant de 10,000 à 40,000 francs par jour, alors que leurs journaux répandirent d'innombrables pages remplies d'annonces et de réclames, outre les colonnes journalières, parmi les 100,000 abonnés et lecteurs occasionnels.

Voici d'autre part ce que la *Gazette de Cologne* offre à ses lecteurs en fait d'informations. Tout d'abord, de bon matin, en tête, il y a 7 colonnes, c'est-à-dire 1 page 3/4 de compte rendu télégraphique des discussions du Reichstag et du Landtag, telles qu'elles ont eu lieu la veille à Berlin ; ensuite 17 nouvelles télégraphiques de 3 à 30 lignes, dont 5 de Paris, les autres de Téhéran (Perse), de Rome, de Vienne, de Berlin, de Bukarest, de Belgrade, de Milan et des différentes villes d'Allemagne. Il y a dans le même n° 22, du 8 mars, édition du matin, des correspondances très autorisées et bien informées de la Russie, d'Athènes, de New-York.

En ce qui concerne les informations commerciales, industrielles et similaires, il y a des dépêches et des correspondances originales de première source de New-York, de Londres (5), de Liverpool, de Hull, de Glasgow, de Lisbonne, de Pétersbourg, de Paris (3), du Havre, d'Amsterdam, d'Anvers, de Rotterdam et, cela va sans dire, de tous les grands ports, centres commerciaux et industriels, des Bourses d'Allemagne, d'Autriche et de Suisse. Les 57 informations télégraphiques et correspondances de cette édition du matin dé-

passent de beaucoup ce que *Le Temps* ou *Les Débats*, les mieux faits
des journaux similaires à Paris, offrent jamais à leur clientèle inté-
ressée, qui a du reste l'habitude constante, avec sa connaissance des
langues, de puiser le supplément nécessaire d'informations justement dans la *Gazette de Cologne*, dans la *Nouvelle Presse* de Vienne ou
dans les journaux similaires de Londres et dans les revues spéciales.

L'édition de la journée donne d'abord les nouvelles et publications
officielles de l'empire d'Allemagne et du royaume de Prusse.
Suivent les informations détaillées des correspondants attitrés
ou occasionnels, les insinuations officieuses du gouvernement, des
ministères, de la diplomatie, des coulisses. Relevons dans le
numéro qui nous occupe une longue dissertation sur les écoles pri-
maires et les maîtres d'école en Allemagne, sur l'attitude des socialistes et de certains professeurs sympathiques à ce parti, sur la réunion plénière des partisans et députés libéraux dans le grand-duché
de Bade, une longue colonne sur le nouveau ministère autrichien
(comte de Thun), suivie de deux longs télégrammes de Vienne et de
Prague, une dépêche de 36 lignes, du jour même, donnant le texte
du discours prononcé par le ministre président di Rudini au banquet
des tireurs à Rome, deux correspondances de Paris, suivies de deux
longs télégrammes résumant les nouvelles, les bruits importants, les
informations de Paris, et un article de fond du journal *Le Temps*.
Il n'y a aucun mérite à dire que le lecteur des trois éditions de *la Gazette de Cologne* en sait bien plus long sur ce qui se passe réelle-
ment à Paris et en France que le ministre le mieux informé n'en a
su sur place la veille. Cependant, il y a une supériorité pour les gens
bien informés de Paris : ils sont certainement mieux au courant des
bruits et des nouvelles scandaleux, des mille niaiseries et faits divers
colportés sur les boulevards et dans les bureaux de rédaction à Paris ! Hélas, cette supériorité est douloureuse à constater. L'édition
du jour contient en outre des dépêches ou directes ou transmises par
les agences européennes, avec lesquelles la *Gazette* est sinon en
termes d'échange, du moins en compte d'abonnement. Citons dans
le même numéro 82 lignes de télégrammes de Constantinople, de
Péking directement, de Péking par Londres (2), de Yokohama, des
Indes, du Caire. Viennent ensuite 21 informations rapides par télé-
graphe ou correspondance de 3 à 20 lignes d'impression serrée résumant les événements de tout genre survenus à Lyon, Marseille,
Paris, Pétersbourg, et dans les places importantes de l'Allemagne.
Le résumé télégraphique des cours en ouverture des principales
Bourses de commerce des deux mondes, des arrivages et départs de
bateaux, des bilans de banques et de sociétés, en tout 20 informations de 2 à 40 lignes.

L'édition du soir donne, outre les cours complets des valeurs négociées à Berlin et à Cologne, un résumé du cours des Bourses de Francfort, de Londres, de Vienne, de Hambourg, de Paris, d'Amsterdam, et en 31 dépêches ou correspondances les nouvelles des Bourses de commerce des principaux centres d'Allemagne, d'Europe, des deux mondes. Les nouvelles régulières sur les observations météorologiques des 35 stations principales du Nord et du Nord-Ouest de l'Europe terminent les informations quotidiennes.

Onze télégrammes de 4 à 23 lignes de Berlin, de Kiel, de Vienne, de Pest, de Rome, de Constantinople, de Washington, de Trèves, de Mayence, donnent les dernières informations de la journée. Un feuilleton en bas du numéro résume en 5 articles ou 260 lignes les nouveautés dans le domaine des arts, des sciences et de la vie actuelle. Les douze pages des trois éditions régulières contiennent donc en tout quatre grandes pages d'informations politiques, religieuses, artistiques, de tout genre enfin, en 16 colonnes de 180 lignes chacune, 9 colonnes d'informations commerciales de 2-300 lignes. Le reste est, pour les annonces et réclames évaluées ci-dessus, par un temps ordinaire et calme comme celui où, après l'issue du premier procès dit de Zola-Dreyfus et d'autres événements singuliers, le monde jouit d'un quart d'heure de répit pour reprendre haleine avant les nouvelles perturbations où la folie du siècle et l'esprit de discorde allaient lancer encore le monde désemparé.

La *Gazette de Cologne* peut servir de type à une monographie à faire sur des organes similaires à Londres et à New-York, car il n'y en a pas de semblable ailleurs. Pour donner une idée de la puissance économique et commerciale de cette presse, par exemple à Berlin seulement, je citerai comme fait typique les chiffres de recettes faites pour les annonces de 25 journaux avec 4 à 48 pages d'annonces donnant de 1,100 à 33,000 francs. L'indicateur local de Berlin, par exemple, tira 33,000 francs des 48 pages d'annonces d'un seul numéro, la *Germania* catholique 1,456 francs de recettes. Citons encore la feuille locale d'annonces, le *Tagblatt* d'une ville de province comme Fribourg-en-Brisgau, dont la ville tire une redevance annuelle de 35,000 fr. payés par l'imprimeur fermier.

II. — LA GAZETTE POPULAIRE DE COLOGNE.

Comme le grand organe libéral que nous venons d'analyser a été, depuis quarante ans et plus, sinon toujours, le moniteur avéré de la bourgeoisie maçonnique de toute confession religieuse, de tout clan politique, de toute la secte intellectuelle anti-catholique, anti-romaine, hostile au Pape, hostile aux dynasties et aux peuples catholiques, travaillant d'accord avec les partisans en Italie comme en Autriche, en Angleterre comme en Espagne, en Amérique comme en Europe, les catholiques de Cologne, de la Prusse Rhénane, de tous les pays allemands ont dû songer, dès l'ouverture de l'ère libérale, à s'affranchir de la servitude et de l'inféodation à des porte-paroles semblables.

La *Gazette populaire de Cologne* fut fondée en 1859 pour les catholiques dans le même format et aux mêmes proportions que le grand organe libéral. L'attitude plus ou moins bienveillante de la dynastie et du gouvernement prussien eurent comme conséquence un loyalisme plus ou moins pénible et peiné de la part des catholiques rhénans et prussiens. De même que feu le roi Guillaume, les catholiques de son royaume ont dû passer par plus d'une transe pendant la course que Bismarck imprima à la politique allemande de 1860 à 1870.

Les événements postérieurs, le concile et la guerre de 1870, de logique inéluctable telle qu'elle apparaît toujours dans l'histoire quand les aveugles volontaires et involontaires veulent faire violence aux principes, ont été une sorte d'affranchissement moral et religieux imposé à ces enfants de l'Église embarrassés parfois entre Rome et Berlin [1].

Le Kulturkampf fut une grâce particulière insigne pour les remettre en bonne posture. Que ce passé puisse leur servir d'avertissement salutaire pour l'avenir ! Choisissons pour l'analyse du meilleur journal catholique en langue allemande les nᵒˢ 319 23 de la 38ᵉ année, du samedi 1ᵉʳ mai matin à dimanche le 2 mai soir.

La *Gazette populaire de Cologne* peut dire d'elle-même à très bon droit qu'avec ses 14 éditions pleines et les 6 suppléments journaliers en édition du matin et du soir, elle est le grand journal et la feuille commerciale le meilleur marché de toute l'Allemagne occidentale. Le nombre de ses abonnés, 14 à 15,000, augmente tous les jours, de même que son autorité et son influence. Ses relations au Reichstag, au Landtag, à Berlin, à Rome, la sûreté de ses informations, le nombre et la compétence de ses collaborateurs et correspondants attitrés, son public d'abonnés choisis, la maison qui l'édite, la direction si intelligente, si dévouée, vraiment apostolique d'un homme aussi modeste que profondément instruit, tel que le directeur que la Providence a donné à ce journal et aux lecteurs d'élite, tout cet

---

1. Disons en passant que le mérite d'avoir débarrassé la France et la catholicité des pays latins de Léo Taxil et d'autres pestes, revient aux amis dans ce journal.

ensemble de circonstances uniques, l'ont élevé au rang incontestable que lui reconnaissent l'épiscopat et le monde catholique de tous les pays de langue allemande.

N'ayant jamais eu aucune espèce d'attache avec lui que celle d'un lecteur, nous pouvons en parler en toute indépendance loyale et sincèrement convaincue d'observateur désintéressé.

Le journal qui est en même temps feuille commerciale générale et indicateur pour la Prusse Rhénane et la Westphalie, avec un bureau d'affaires spécial, un service télégraphique et téléphonique, est fourni gratuitement à titre d'échantillon durant quinze jours Il est en compte d'annonces avec les maisons de Havas à Paris et à Bruxelles et avec les agences Mosse, Haasenstein et Daube et toutes les similaires sur les grandes places en Allemagne et à l'étranger. Il a créé un service d'hôtels et de stations d'été très ingénieux ; on le trouve dans près des 3,000 hôtels en Allemagne, en Suisse, en Autriche, en Belgique, en Hollande. La liste de ces hôtels est publiée en suppléments périodiques pour orienter les abonnés et les lecteurs sur les pays et stations où ils pourront trouver leur organe favori au cours de leurs voyages et excursions ; ces abonnés et lecteurs sont devenus de la sorte les apôtres les plus actifs pour la propagande de cet excellent journal. Les 4 pages de l'édition du matin, n° 319 du samedi 1er mai 1897, contiennent en 16 grandes colonnes à 158 lignes d'impression ordinaire pour les nouvelles politiques et religieuses et à 198 lignes pour les informations commerciales, à 250 et plus de lignes pour les annonces et réclames : une revue très bien faite des événements de la semaine ; un sommaire original des nouvelles et discussions législatives dans les parlements de Berlin, un compte rendu des discussions du Comité provincial réuni à Dusseldorf, les nouvelles politiques, judiciaires, sociales de la ville de Cologne, 4 correspondances spéciales avec les informations sur les événements de l'Allemagne occidentale, une longue correspondance originale très bien informée d'Athènes sur la guerre gréco-turque, 5 dépêches de 2 à 14 lignes de Berlin, de Londres, d'Athènes, près de 2 colonnes de résumés télégraphiques des discussions parlementaires à Berlin, 7 nouvelles dépêches de Londres, de Paris, de Berlin, une colonne de dépêches télégraphiques directes contenant les cours de bourses en résumé et les nouvelles commerciales des grandes villes et centres de l'Europe et de l'Amérique ; la reproduction de ces dépêches et nouvelles est, comme dans la *Gazette* libérale, interdite et réservée; 3 grandes colonnes suivantes donnent aux nouvelles commerciales, industrielles et économiques une étendue aussi complète que celle de la *Gazette* libérale. Un calendrier ecclésiastique en 67 lignes de petite impression donne pour toute la semaine les nouvelles touchant le culte et les dévotions dans les très nombreuses paroisses et chapelles, communautés, confréries religieuses de la pieuse ville de Cologne, qui compte 333,000 habitants et un nombre très considérable de passants ; la première des 16 colonnes d'annonces contient en 140 lignes les nouvelles de l'état civil : naissances, mariages, promesses de mariage, décès dans la ville de Cologne ; les 15 colonnes suivantes contiennent les avis, annonces, publications judiciaires, notariés, industriels, des tribunaux, bureaux, sociétés, associations, maisons de commerce et des particuliers ; le tarif des annonces est de 30 pf. = 0 fr. 375 par ligne ou par espace de ligne. Un feuilleton original de 4 colonnes à 60 lignes au bas de la 1re page est destiné aux lectrices.

L'édition du soir contient la revue des faits du jour considérés au point de vue général de la politique du parti du centre catholique. Les quatre premières pages de cette édition embrassent généralement les correspondances ou les considérations des hommes et écrivains catholiques les plus autorisés et servent de direction et de ligne de conduite pour le parti. La politique y est traitée magistralement, et l'autorité de ces écrivains est grande et peu contestée. Cette partie originale est suivie — toujours dans le numéro que nous avons devant nous — de trente-sept correspondances, informations, dépêches portant toutes en tête la marque W. b. = Bureau de Wolf. C'est là, dans la *Gazette populaire de Cologne* comme dans tous les journaux catholiques, le côté faible, le coin douloureux, la place réservée forcément à cette puissance occulte, phénoménale de l'argent, de la race, de la secte dont l'influence s'insinue, s'infiltre, s'impose et pénètre par toutes les fissures de la presse, de la société désorganisée actuelle, à laquelle ce mystère de l'iniquité a ôté jusqu'aux apparences de structure et d'organisation chrétiennes publiques. Nous reviendrons ailleurs sur ce phénomène qui tient des symboles de l'Apocalypse. Quatre parties de colonne, équivalant à deux colonnes complètes d'impression serrée, donnent des faits divers bien choisis, à l'exclusion de tout sujet scabreux ou trivial, des critiques artistiques et théâtrales ; les deux colonnes suivantes donnent de nouveau les informations télégraphiques originales, autographiées ou en correspondance directe des principales bourses et places de commerce ou d'industrie des deux mondes. On y relève des informations de trente-quatre centres différents ; les quatorze petites colonnes suivantes contiennent des annonces et des réclames des maisons de commerce, de librairies, de sociétés, d'associations catholiques de Cologne et de tous les pays catholiques de langue allemande ; toutes les manifestations de la vie civile, industrielle, commerciale, sociale s'y trouvent représentées en offres, eu demandes. Les cent trente-quatre grandes et petites annonces de 4,6-60 lignes à 30 pf. = 0 fr. 375 donnent une recette très considérable de plus de mille francs, à ne compter que par simple prix d'annonce. Le supplément, le n° 18 de l'année comme supplément du dimanche, plus soigné et plus intéressant que les 5 suppléments ajoutés aux éditions dans la soirée des autres jours, contient 6 petits travaux originaux très intéressants sur l'origine de la première carte postale ; sur la ville de Gnesen (Pologne), la ville de saint Adalbert, à l'occasion du millénaire de cet apôtre de la Pologne ; sur le nouveau patriarche œcuménique de Constantinople ; sur les petites républiques communales de la Confédération helvétique ; sur les chansons et la poésie de nos ancêtres. Un roman en feuilleton et une description de la fête du 1er mai d'antan peuvent intéresser les lecteurs moins curieux d'études sérieuses telles que les six précitées, dues à la plume d'hommes très instruits. Les 2 premières pages ainsi bien remplies, la 3e donne en trois colonnes serrées le compte rendu des discussions du Parlement. Jamais journal français, à moins d'y consacrer un numéro entier ou une édition spéciale, ne peut donner les débats aussi complets. La dernière colonne de la 3e page est consacrée aux nouvelles de l'archevéché, du diocèse et de la ville de Cologne, au mouvement administratif et judiciaire et à des correspondances de l'Allemagne occidentale. La 4e page entière donne sous la rubrique : commerce, métiers, économie, politique, des études, des informations, des nouvelles, des dépéches, des rapports, des bilans, des cotes de bourses, un ensemble complet pour s'informer de la même façon qu'en France l'abonné de l'*Économiste français* ou d'une autre revue spéciale pourra le faire s'il veut avoir une idée d'ensemble sur le mouvement. Dans ce genre, la grande presse allemande est supérieure à la presse anglaise ; quant à la presse française, il n'y a pas possibilité de comparer. La *Croix* seule donne en son genre, avec l'ensemble de ses publications subsidiaires, une idée et une partie des matières — plutôt populaires dans la *Croix* — que notre type de journal catholique donne à ses lecteurs en ville et à la campagne et de toutes les classes de la société. Mais comme les annonces et les relations directes avec le peuple manquent trop dans la chère France qui n'a ni sociétés, ni associations vivaces et réelles : quelle différence de prix, de frais, d'influence réelle, malgré un zèle et une propagande des plus dévoués parmi ce clergé de France si admirable ! Le clergé allemand n'a pas besoin du centième de la même peine, grâce à la vie organique et sociétaire et à la presse indépendante et influente.

Les 6 suppléments de la *Gazette* qui nous occupe donnent le

dimanche et le lundi, mais préparés et expédiés du samedi de
chaque semaine, des nouvelles et des informations générales littéraires, historiques, géographiques, religieuses, sociales, pour tenir
les lecteurs au courant des problèmes, questions et manifestations
de la vie contemporaine ; tous les sujets d'actualité y sont abordés
et traités d'une façon magistrale et autorisée. L'organisation et
l'administration modèle du journal permettent à la direction de
bien payer ses collaborateurs et d'organiser un service d'informations à travers tous les continents où les commerçants, les voyageurs, les chercheurs, les prêtres, les religieux, les missionnaires
catholiques allemands pénètrent. Il n'y a pas de coin de terre, d'île,
de mission, pas de sujet pouvant intéresser le public instruit autant
que désireux de s'instruire encore qui ne trouvent à leur tour,
au moment bien précis et bien choisi, une place, une colonne
dans cet admirable journal ; mais toute question, tout sujet sera
toujours traité conformément à la doctrine de l'Église par un auteur compétent, aussi bien informé qu'il sera enfant soumis à
l'Église. Un supplément littéraire spécial, de même qu'un supplément exclusivement réservé à l'agriculture, 3 ou 4 bulletins
et listes de tirages des loteries, amortissements, et enfin une
liste mensuelle des hôtels recommandables où l'on trouve des
journaux catholiques et une clientèle chrétienne, suffisent pour
mettre les lecteurs au courant de tout ce qui peut les intéresser, à
quelque milieu ou condition qu'ils puissent appartenir. La feuille
du dimanche matin, préparée la veille, le numéro 322 contient
2 colonnes de considérations sur les relations commerciales de
l'Allemagne avec les États-Unis, 4 correspondances de Berlin,
d'autres de Mayence, de Munich, de Strasbourg, de Metz, de Vienne,
de Paris, de Gnesen, de Dusseldorf et d'autres villes allemandes,
5 dépêches directes de Berlin, de Wiesbaden, de Constantinople, et
11 dépêches transmises dans la nuit par le bureau Wolf et donnant
les dernières nouvelles politiques importantes des capitales de l'Europe et de l'Amérique ; une colonne entière résume par dépêche télégraphique la suite et la fin des discussions de la 74e séance du Landtag
prussien traitant le budget des cultes ; la 3e colonne de la 2e page
donne des nouvelles commerciales, la cote télégraphique des derniers cours dans les grands centres des deux mondes. Cette première feuille du dimanche matin contient 9 grandes colonnes
d'annonces ou de réclames, coupées parfois en petites annonces
et séparant la page en 16 colonnes, ou la colonne en deux compar-
timents. Le compte des recettes, à 30 pf. pour la ligne ou pour
l'espace de ligne occupé des 18 colonnes petites ou grandes, est
aisé à faire et doit donner de 1,000 à 1,200 fr., puisque, par exemple,

Q**

telle des 122 grandes et petites annonces du numéro, contenant
10 petites lignes, donne 3 fr. 75 c. pour une place de 1710 milli-
mètres carrés : le numéro 322 a 431,600 mm. q. occupés par des
annonces.

La deuxième feuille du dimanche contient 10 informations
politiques de 10 villes allemandes, un compte rendu de la 4e assemblée générale annuelle des instituteurs catholiques tenue à
Bingen-sur-le-Rhin, une critique musicale des plus autorisées,
puisque Cologne a la prétention bien justifiée d'être une des villes
des plus musicales, et non pas seulement en Europe, et que de fait
les concerts et les représentations de la fameuse salle de Gurzenich
sont certainement uniques au monde ; la dernière colonne de la
première page, toute la deuxième page donnent une revue complète
des nouvelles commerciales, industrielles et économiques de tous
les grands centres commerciaux de l'Europe et de l'Amérique ; les
4 grandes ou 8 petites colonnes de la 3e page sont occupées par
des annonces débordant même sur une autre page ; la 4e page
entière et le bas de la 2e page donnent la liste des tirages
effectués par 41 États, sociétés, provinces ou banques des différents pays de l'Europe. Il y a dans l'ensemble des 16 pages in-folio
de ces quatre éditions de la *Gazette* depuis samedi matin à dimanche
matin une richesse de matières et d'informations sérieuses, bien
contrôlées, toujours convenables et honnêtes, venant de source autorisée, qui constitue une force incomparable pour un parti religieux
et politique, pour les classes dirigeantes d'une société qui est chrétienne au fond, malgré la différence des vues politiques et la diver-
gence des tendances sociales.

On ne tient pas suffisamment compte de l'importance que la
presse allemande a prise, de l'influence qu'elle exerce sur toutes
les classes de la société, constituant avec l'école publique et
une vie sociétaire, inconnue ailleurs, pour tout émigrant ou
commerçant un outillage et un bagage intellectuels et théoriques,
un appoint social incomparables. On a eu à l'étranger le tort
grave de croire des littérateurs et des observateurs mal informés, superficiels, légers, flatteurs, des historiens et des sociolo-
gues charlatanesques : on s'est trompé grossièrement et l'on
se trompe encore beaucoup trop sur le peuple allemand, sur
sa presse, sur sa vie d'association, sur sa vie religieuse ; l'erreur
n'a été funeste qu'à ceux qui se sont laissé tromper. Le monde
des affaires anglais et américain, sans parler d'autres, sait à
quoi s'en tenir. L'homme le plus autorisé d'Angleterre, le directeur
de l'École des hautes études commerciales d'Angleterre, se vit
forcé de déclarer en pleines fêtes du jubilé de la reine, en 1897, à

un congrès solennel d'hommes compétents, qu'il était facile de crier
contre l'Allemagne, contre ses industries, contre ses émigrants,
contre ses commis, contre ses commerçants et leur concurrence,
mais qu'il serait mieux d'apprendre à les connaître, les étudier,
les apprécier, d'être juste et bien avisé pour savoir comment mieux
faire ; qu'il avait le douloureux devoir de constater solennelle-
ment que les classes riches de l'Angleterre, la bourgeoisie et les
commerçants comme les autres, devenus trop jouisseurs et trop peu
travailleurs, ne fournissent plus, n'ont plus les connaissances linguis-
tiques, géographiques, théoriques en un mot, ni l'esprit de suite, ni
la ténacité, ni l'esprit d'entreprise nécessaires pour tenir tête aux
ouvriers industriels, aux ingénieurs, aux commerçants, aux commis, aux voyageurs allemands qui s'imposent comme une nécessité
inéluctable en Angleterre et dans ses colonies, comme en Amérique
et ailleurs. En France, voilà que depuis un an à deux on commence
à ouvrir les yeux aussi et à chercher enfin les causes d'effets et de
faits stupéfiants ; mais, hélas ! en France on a tellement gagné
comme une seconde nature cette funeste habitude de croire et de
juger, sinon d'agir, comme si les gouvernements avaient fait, pouvaient et devaient faire et la pluie et le beau temps ; durant vingt-
cinq ans on a escompté le mal mortel que Bismarck, le socialisme,
la dynastie des Hohenzollern, sinon la juiverie, iraient faire à l'Allemagne. Bismarck s'est couvert de ridicule ; on s'en est passé avec
la plus grande aisance ; le socialisme s'est assagi à un point curieux
dont nous parlerons ailleurs ; voici qu'un Guillaume, IIème du nom et
Hohenzollern de race, montre beaucoup de bonne volonté et d'en-
tregent, et voici qu'après l'avoir bafoué et couvert de traits d'esprit
peu spirituels, la presse et les politiciens en font un grand homme
déjà de son vivant, à un âge peu mûr. Quand donc se résignera-
t-on à faire la part des peuples comme celle des rois, à méditer
l'Écriture quand on veut raisonner sur les uns et sur les autres ?
Les peuples restent, les gouvernements et les dynasties passent, et
c'est des peuples exclusivement que l'Écriture a dit pour toujours :
« Dieu a fait les nations guérissables. » Les peuples et les rois
n'échapperont jamais aux conséquences de leur conduite, pas plus
que le peuple symbolique de l'ancienne Église dont l'Écriture ter-
mine l'histoire républicaine par ces mots profonds : « Les enfants
d'Israël retournèrent sous leurs tentes, chacun dans sa tribu et dans
sa famille. En ces temps-là, il n'y avait point de roi dans Israël, mais
chacun faisait ce qui lui semblait juste [1]. » Mais quelque temps
après, l'Écriture dit symboliquement dans le livre des Rois [2], qu'on

1. Juges, XXI, 24.
2. I Rois, VIII, 7, 9, 19, 20, 22.

ferait bien d'imposer à la méditation de nos politiques : « Or, le
Seigneur dit à Samuel : « Écoute la voix de ce peuple en tout ce
« qu'il te dit, car ce n'est pas toi qu'ils rejettent. mais moi, afin que
« je ne règne plus sur eux... déclare-leur et annonce-leur le droit du
« roi qui règnera sur eux... » ; mais le peuple ne voulut point écouter
la voix de Samuel et tous s'écrièrent : « Nous voulons un roi qui nous
« gouverne... nous serons comme toutes les autres nations et notre
« roi marchera à notre tête, il combattra pour nous dans nos guerres,
« notre roi nous jugera. » Et le Seigneur dit : « Fais ce qu'ils te disent
« et donne-leur un roi qui les gouverne. »

On en est toujours resté là, aujourd'hui plus que jamais, chez les
peuples qui ont des rois et chez les autres qui n'en ont pas. Jamais
la sagesse des nations, qui n'est que l'édition populaire des prover-
bes de l'Écriture, n'a eu plus raison de dire que les peuples ont
les rois qu'ils méritent, les gouvernements qu'ils se donnent, les
maîtres qu'ils choisissent ou tolèrent. Les peuples et leurs gouver-
nants se valent généralement, par la permission de Dieu. Libre aux
borgnes et aux aveugles de continuer à se tromper grossièrement et
à croire que ce soient des Bismarck ou des Hohenzollern qui ont fait
l'Allemagne telle qu'elle est, comme si j'allais dire que ce sont Saül
ou Salomon qui ont fait Israël, alors qu'en réalité ils l'ont défait
plutôt et amené vers le déclin.

On a pris, en France, l'habitude de juger les autres peuples sous
le point de vue fallacieux de l'histoire nationale depuis Richelieu,
Louis XIV et Bonaparte : quand un Français de nos jours juge un
peuple, un gouvernement étranger, il les toise toujours à ces trois
mesures comparatives. De là le fait que depuis cent ans et plus, mais
depuis trente ans surtout, l'on se trompe sans cesse et partout en fait
de jugements et d'alliances. Il y va du salut de la France qu'on cesse
de juger et de porter ainsi ses préférences. Quand on voudra de
nouveau tirer sa politique de l'Écriture sainte, mais autrement que
Bossuet ne l'a fait, on retrouvera la tradition.

L'Allemagne catholique compte actuellement près de 900 associations locales d'ouvriers, fondées depuis que le gouvernement s'est
mis à contrecarrer ses aspirations sociales et religieuses ; ces associations datent de 20 à 25 ans et comptent près de 200,000 ouvriers,
à côté des anciennes organisations des compagnons réunis fondées
par Kolping avec près de 100,000 membres en plus de 800 groupes
locaux disséminés à travers tous les pays et provinces de l'Allemagne,
de l'Autriche, de la Suisse, de l'Amérique, dans les capitales de
toute l'Europe. Vous en trouverez en Orient, à Jérusalem et ailleurs.
La seule Westphalie a groupé 15,000 ouvriers mineurs catholiques ;
le royaume de Prusse a une association des ouvriers de chemins de

fer catholiques de 17,000 membres, la Bavière de 6,000. La Suisse allemande a suivi l'exemple de l'Allemagne et, entraînant la Suisse romane, elle a groupé en 80 associations locales 30.000 membres.

L'Autriche a suivi l'impulsion irrésistible et réuni 160 groupes locaux où l'on trouve de 10, 50, 300, 400 à 1,900 membres. Les patrons, les artisans travaillent avec un zèle infatigable à emporter de haute lutte la reconstitution des corporations, dont les vestiges n'ont jamais entièrement disparu dans le Nord. La répercussion de ces tendances se fait puissamment sentir en Angleterre et aux États-Unis. L'impulsion allemande trouve naturellement un terrain bien favorable sinon tout préparé chez les races ou peuples chez lesquels l'élément ethnique congénère domine encore. L'Angleterre compta dès 1870 746 associations coopératives avec plus de 300,000 membres ; le capital réuni se chiffra à plus de 62 millions de francs, avec un fonds de roulement de 225 millions, avec un profit annuel d'environ 18 millions. Ce mouvement n'a fait que s'accentuer dans les pays germano-saxons. Qu'il suffise de donner ces détails pris à la base d'une société où toutes les classes sont ainsi groupées ou associées pour donner une idée de l'ensemble. Il est très aisé pour un observateur impartial de suivre ce progrès constant dans le développement des associations et groupements de la presse qui les sert, puisque c'est eux qui l'ont créée et la font vivre, dans l'expansion industrielle, commerciale, coloniale, politique, religieuse, sociale. Sur 7,656,000 électeurs inscrits en 1871, il n'y a eu que 51 0/0 de votes effectifs ; mais voici 25, 28 ans plus tard jusqu'à près de onze millions — 11,441,094 — d'électeurs inscrits, avec 72 à 77 0/0 de votes effectifs. On peut constater un progrès aussi constant dans l'activité et la réussite politique des deux seuls partis qui se partagent la confiance du peuple, les catholiques et les socialistes. On a bien tort en France de ne pas cesser enfin, mais de recommencer à prédire périodiquement, pour se tromper une fois de plus, après tant d'erreurs quasi-volontaires commises depuis 25 ans, le déclin de la politique catholique, le chambardement par le socialisme. Dix fois on a pris ses désirs pour la réalité, on s'est trompé grossièrement vingt fois ; mais sans cesse de nouveaux faux prophètes, de nouveaux flatteurs ont surgi. On a essayé de glisser ces pensées secrètes d'ambitieux chagrins ou déçus dans la presse romaine ; on l'a fait plus que jamais en vue des élections de 1898. Or — l'*Osservatore Romano* [1] n'a fait que constater ce que l'Europe et l'Amérique répétèrent bien avant ces élections et surtout après : « Le parti catholique allemand est le modèle d'un parti

1. 20 à 23 juin 1898.

politique par la clarté de son programme, par la sélection et ia discipline de ses membres, par la cohésion et la force de son organisation, enfin par son initiative ferme et décidée. »

Lorsque la Providence permit aux sociétés occultes de troubler la vue de Bismarck, pour lui faire tenir ses engagements antérieurs et engager la lutte insensée contre les catholiques et le parti ouvrier allemand, à manger du Pape et du peuple chrétien, entreprise dont on meurt toujours, ceux qui avaient la foi et qui avaient pris l'habitude de juger les hommes et les événements à la lumière de l'Écriture, dont l'histoire n'est que le commentaire, prédirent que ces petits grands hommes étaient choisis pour mettre les deux partis combattus dans la voie de l'apostolat providentiel. Et de fait, le résultat de la lutte contre les catholiques et les socialistes allèmands a été de les mettre en tête à la direction intellectuelle et morale du monde ouvrier dans les deux mondes. C'est un fait dont il faut prendre son parti. Les émigrés du temps du Kulturkampf ont essaimé si puissamment, si irrésistiblement dans le monde ouvrier, industriel, religieux, dans les missions ; les frères restés dans la mère patrie, la presse et les sociétés les ont soutenus si vigoureusement qu'ils s'imposent aujourd'hui partout où ils pénètrent.

D'ailleurs, la vie d'association en tous genres, la vie locale, paroissiale, provinciale, fédérale, la presse comme lien et trait d'union entre toutes les manifestations de la vie quotidienne, — religieuse, politique, industrielle, agricole ou mercantile, sociale enfin, — voilà uniquement le secret de la vitalité et de l'activité relativement surprenantes des races germaniques, non seulement dans les limites accidentelles, certainement transitoires, de l'empire actuel. La vie de famille et ses manifestations en souffrent peut-être même; telle est l'exubérance de la vie en société ; il est même à espérer que ce sera un état transitoire.

On a dû entrevoir et comprendre, par l'insistance que nous avons mise à analyser l'organisme d'un journal allemand, dans lequel les exigences de la vie pratique occupent la partie relativement la plus grande et la plus large par les annonces, les réclames et les moyens qui servent aux professions, aux classes, aux associations, aux producteurs et aux consommateurs, à se passer d'intermédiaires, d'agents parasitaires, qu'il y a là en Allemagne plus encore qu'en Angleterre ou aux États-Unis une manière d'échanger les offres et les demandes des plus expéditives et des plus économiques. C'est une des raisons entre plusieurs autres pour lesquelles l'intermédiaire, l'agent parasitaire, le mercanti par excellence et par goût traditionnel, l'élément juif, quoique plus nombreux que dans certains États latins, n'a pas pu s'infiltrer ni se glisser en proportion

dans la vie économique des races du Nord qui s'entendent assez bien
à faire leurs affaires elles-mêmes sans Grecs, ni Juifs, ni Levantins.
C'est peut-être dans la presse qu'il s'est glissé le plus, mais dans la
presse libérale seulement, dans les entreprises qui demandent beaucoup d'argent, beaucoup de relations, dans les classes riches des
divers pays et dans les sociétés jadis occultes, mais déchues de leur
importance depuis que l'Internationale a appris aux travailleurs
que la bourgeoisie franc-maçonne se moque d'eux et les exploite en
politique comme en industrie. Ce dernier fait est devenu si évident
que la synagogue lettrée déserte déjà plutôt les loges vieillottes et
s'est glissée avec ténacité dans les cadres des partis socialistes.
En Allemagne, le fait est notoire, comme nous le démontrerons
plus loin à l'article de la presse socialiste. Pour la France et la
Russie, l'ambition des classes lettrées, de la jeune bourgeoisie
incrédule deviendra même fatale, puisqu'elle a déjà commencé à
les pousser dans les rangs, sinon à la tête des partis socialistes
existants ou à naître ; demain ces partis escaladeront le pouvoir :
l'avocat, le médecin, le littérateur impies, l'Université, le barreau,
la synagogue fourniront l'état-major ; mais qui s'opposera à eux ? Il
est devenu de mode un instant, dans certaine presse française et
russe, de dénoncer les catholiques allemands [1] comme les pires
ennemis de la France et de la Russie. Dieu veuille que le moment
ne soit pas trop proche où les naïfs accusateurs crieront au secours !
Nous avons jadis discuté souvent et longuement avec Le Play tous
ces symptômes, qui sont devenus des faits depuis. Nous tombions
d'accord que les races du Nord, le peuple allemand en général, réser-
vaient des surprises aux autres. Ceux qui n'ont pas mis au rancart
les livres, en poche le programme de Fr. Le Play, ceux qui l'ont
approché, connu et aimé, lui et les rares connaisseurs qui ont voyagé
à sa suite et observé avec l'outillage et l'impartialité morale voulus,
savent bien cela ; ils ont du reste d'abondantes preuves écrites dans
les éditions définitives de ses œuvres. D'autres observateurs, des
penseurs aussi profonds qu'ils furent de vrais, grands et bons
Français, Gobineau et ses amis entre autres, n'ont pas caché leur
conviction en tous points semblable. Qu'on lise le chapitre VI du
vol. II du beau travail de Gobineau — notamment les pages 491 et
suivantes de l'édition de 1884 — de *l'Inégalité des races humaines*, à
côté des chapitres où Le Play dans *les Ouvriers européens* parle des
races germaniques et saxonnes. Ce fut en vain ce que disaient ces

---

1 Nous avons gardé une collection de preuves : journaux, brochures, livres, qui
feront rougir plus tard leurs auteurs aussi inconscients et ignares que drôles de
catholiques.

grands morts, qu'on a pris pour des gêneurs durant un laps de temps. Ce fut une vraie douleur, pour ces hommes qui avaient vu, en voyageant souvent et méthodiquement, comparé, déduit l'avenir de l'expérience du passé, que de s'entendre objecter autour d'eux que si quelques-uns parmi ces races étaient prolifiques, érudits, braves gens, ils étaient malhabiles, gauches, dépourvus de goût, de savoir-faire, qu'ils manquaient de capitaux accumulés, qu'ils étaient faméliques, déchirés par des factions, divisés en une agglomération surannée de corps politiques, minés par le protestantisme, en passe d'être mangés par le socialisme. Les observateurs ainsi attristés du dangereux aveuglement de leurs concitoyens et contemporains virent mieux au fond des choses, sachant bien que des races prolifiques qui mettent au monde, élèvent, instruisent et arment pour la lutte une nombreuse progéniture, ne peuvent thésauriser pour l'instant, mais qu'elles retrouveront leur compte au centuple et au delà sur les marchés du monde où leurs enfants essaimeront de toute part d'autant plus sûrement qu'ils auront une tendance native vers la vie d'association, tendance dont les autres n'ont fait l'essai fructueux et heureux qu'à une époque de l'histoire nationale, où chez les races latines l'élément franco-germain prima, pour leur bonheur ultérieur, l'appoint des autres éléments ethniques. Si Le Play et Gobineau vivaient encore, ils diraient avec ce doux sourire plutôt attristé qu'on leur a connu: Hélas! nous n'avons cessé de vous prévenir, mais en vain. Nous avons subi le sort de tous les prophètes, nous avons la douleur d'avoir eu raison contre nos propres désirs.

Les organes de publicité comme la *Gazette populaire* de Cologne pour les catholiques, la *Gazette de Francfort* pour l'élément démocratique et progressiste qui suit, lui aussi, l'impulsion de la finance et du judaïsme libre penseur, les grands journaux de Berlin, de Hambourg, de Lübeck, de Brême, à l'instar de l'énorme *Gazette* libérale de Cologne, sont une puissance intellectuelle, économique, politique, commerciale, financière pour la bourgeoisie entreprenante d'une nation ; la masse énorme de matériaux accumulés dans leurs pages et colonnes sert de réservoir inépuisable aux organes de moindre envergure dans des centres plus reculés et moins importants. Je défie un connaisseur d'essayer seulement de mettre en parallèle, pour la solidité, la sûreté, la variété, l'étendue, l'universalité des renseignements et des informations, la presse d'un peuple quelconque avec celle de l'Allemagne actuelle.

Hier encore, quelques rares organes anglais et de rares organes tapageurs de New-York pouvaient la lui disputer pour la rapidité de l'information, mais déjà ils sont atteints sinon dépassés, sans compter que le peuple allemand ne consentirait même pas à ce qu'on lui offrît des fables et des inventions d'un goût douteux, de provenance louche, telles que le public anglais avide de sensations ou le public anglo-américain moins instruit et plus crédule les subissent par trop.

III

Examinons un petit journal quotidien. Alors que les 3.700 à 3.800 pages in-folio de la *Gazette populaire* reviennent à Cologne à 27 francs 50, dans l'Allemagne à 37 francs 75, en Suisse, Luxembourg à 39 francs, en Italie à 40 francs, en Autriche à 40 francs, en Orient à 45 francs, et font l'office d'une véritable encyclopédie d'actualités de tous les genres de la vie présente, dispensant l'abonné et le lecteur de s'abonner à nombre de revues spéciales, ce qui s'ajoute pour une somme assez ronde au prix plus élevé des journaux politiques, exclusivement politiques chez d'autres races et peuples, ces pages substantielles contiennent, outre la ligne d'orientation, une masse d'informations générales toutes prêtes dont les journaux locaux s'alimentent. La presse catholique, libérale, démocratique du Sud et du Sud-Ouest de l'Allemagne gravite de fait autour de trois grands organes de Francfort et de Cologne avec une facilité, avec une aisance qui s'expliquent par la position géographique de ces villes centrales, par le service postal et des chemins de fer si bien organisé en Allemagne et surtout dans la vallée du Rhin et de ses affluents.

Le *Messager de Fribourg* (en Brisgau) paraît 6 fois par semaine avec des suppléments littéraires réguliers. Les 4 pages de 30 × 46 centimètres au carré coûtent 7 francs en ville portées à domicile ou retirées aux bureaux de poste du grand-duché, 9 francs 50 livrées par la poste dans tout l'empire. Les annonces sont au prix de 10 pf. = 0 fr. 125 par ligne en 5 colonnes par page. Le n° 74 du samedi 2 avril 1898 donne en 3 colonnes un compte rendu succinct des discussions du Reichstag et du parlement (chambre basse) du grand-duché. Le fait politique du jour, la question de la flotte allemande, y est expliqué par le directeur ; 15 informations politiques et religieuses tiennent les lecteurs au courant de la politique dans toute l'Allemagne ; 13 autres correspondances, dépêches et informations résument les faits, les bruits, les discussions de la ville, du cercle, du grand-duché et du diocèse ; 8 télégrammes fournis par les bureaux et agences résument les dernières nouvelles ; 7 faits divers, concernant surtout le mouvement religieux et scientifique, donnent un surcroît d'informations générales. La dernière colonne de la

3e page contient une critique littéraire, des nouvelles météorologiques, la cote du marché des blés, les nouvelles de l'état civil de la ville et le programme du théâtre. Les colonnes de la 4e page sont remplies tout entières d'annonces sur un carré de 27 × 42 centimètres, divisé en 5 colonnes. Un feuilleton et une cote très restreinte des principaux fonds et valeurs terminent le numéro, qui est envoyé à 4,000 abonnés fixes, sans compter les lecteurs occasionnels. A l'occasion des saisons et des foires, les annonces couvrent de nombreuses pages supplémentaires et doivent donner une recette considérable. Disons une fois pour toutes que les annonces suffisent généralement pour faire vivre les feuilles les plus modestes, tandis que dans les grands organes elles sont une source de bénéfices des plus considérables. Les partis politiques n'ont ainsi que très rarement l'obligation de faire les frais de presse ; les élections n'absorbent pas les sommes énormes dont on connaît le chiffre stupéfiant dans d'autres pays[1]. Ceci a eu, a encore une importance capitale pour les partis de l'opposition, pour les catholiques et pour les socialistes, d'autant plus que les députés au Reichstag ne reçoivent pas d'indemnité pour leur séjour très coûteux au parlement fédéral à Berlin, pas plus, du reste, que le souverain fédéral lui-même ne jouit d'une liste civile impériale, mais doit faire face aux exigences de sa double position avec la liste civile de la couronne royale de Prusse, qui n'est pas tout à fait de 20 millions de francs, près de 16 millions de marks.

On n'insistera jamais assez sur l'importance de la presse allemande avec ses annonces, qui l'obligent à rester en contact convenable et respectueux avec le public des lecteurs, puisque ceux-ci ne toléreront pas des annonces préjudicielles, et peuvent, en Angleterre du moins, actionner les directeurs qui par des annonces ou nouvelles douteuses immondes, porteraient préjudice aux intérêts des annoncés en détournant leur clientèle respectable ; jamais on ne saurait assez estimer les services que la presse ainsi organisée rend à la chose publique, la place qu'elle y occupe. Taine, dans ses études sur la Révolution, et le Bibliophile Jacob (Paul Lacroix), dans le *Directoire, Consulat et Empire*, ont eu bien raison de mettre en évidence le côté faible et dangereux de la presse française née de la Révolution française et des organes incendiaires des meneurs de 1789. Le titre, l'esprit, le cadre, le texte, tout y respire tout uniment

---

1. Rien de plus repoussant et de plus stupéfiant que cette orgie de publicité électorale, cette débauche de papier, les sommes invraisemblables que les candidats et le trésor fournissent lors des périodes électorales dans deux grandes républiques. Avec cela, un morne silence, l'indifférence bovine ou le mépris gouailleur dans les rangs du peuple et — chose plus grave — cette universelle inconscience et impudence avec laquelle on s'entend à mettre toutes ces turpitudes aux frais du budget de la nation. C'est pire qu'à Rome ou à Athènes.

la haine du sectaire, du partisan, de l'individualité révolutionnaire.
Bien qu'elle se soit grandement adoucie dans ses manifestations et
dans ses allures, dans le langage, la presse française, dans sa grande
généralité, est restée imprégnée de l'esprit de parti, de politique
abstraite sinon sectaire, anti-cléricale sinon athée; le nouvel appoint,
le surcroît contemporain de faits divers, de badinages, d'immo-
ralités souvent et de niaiseries désespérantes ne saurait la relever
beaucoup. Son action est des plus corruptrices et des plus dépra-
vantes. Villemessant, Girardin, E. Hervé ont été les initiateurs et les
plus habiles parmi les organisateurs de journaux où les annonces
et réclames ajoutent au moins un appoint quelconque aux ressources
fournies par les comités, par les partisans, sinon par la faction qui
exploite, en passant, le pouvoir et puise dans le trésor public pour
payer le concours vénal de compères journalistes, jusqu'à ce que
ceux-ci deviennent assez notoires pour prétendre aux préfectures,
aux consulats, aux ambassades, aux ministères. En ceci, la presse
des pays allemands ou anglo-germains est foncièrement différente,
sauf aux États-Unis, qui n'ont jamais passé, du moins en ce siècle,
pour avoir été un refuge d'éléments de l'élite européenne. L'influence
croissante de cette presse n'a guère été entravée par des vicissitudes
et l'instabilité de la politique et de la finance. La presse chez ces
peuples est née et restée comme un lien organique entre les lettrés,
les politiques, l'administration et les différentes classes laborieuses
de la nation ; dès le début, l'annonce a rendu inutile la troupe des
agents d'affaires [1], de l'entrepreneur d'élections, du partisan investi
du pouvoir. C'est profit inestimable pour toute l'étendue de la vie
publique, économique et politique. Il y a bien un genre de journaux
que les partis au pouvoir imposent à tous les degrés de la hiérarchie
administrative, ce sont les feuilles officielles de publications légales et
d'insinuations officieuses ; mais cette presse peut se vanter d'être
méprisée avec un ensemble remarquable : personne ne s'y trompe,
pas même ceux qui l'alimentent. Rien de plus amusant que les
discussions régulières annuelles dans les parlements grands et

---

1. Je sais bien qu'il y a à Paris, comme concurrent invincible des journaux
qui voudraient s'entendre pour organiser un service d'annonces à l'instar des
journaux anglais, américains, allemands, les *Petites affiches, journal général
d'affiches, annonces judiciaires, légales et d'avis divers*, qui « paraît tous les
jours *sans exception* » et ramène ses origines à l'an 1612, qui prétend donc à un âge
respectable de 287 ans. « Il a constamment été désigné pour toutes les publications judiciaires et légales depuis la promulgation des Codes. » Les 56 pages de
2 colonnes à 70 lignes chacune au prix de 0.25 donneraient donc une recette de
2.410 fr. au moins pour les seules annonces ordinaires du n° 184 du dimanche 3
juillet que j'ai sous les yeux. L'imprimerie Dupont qui édite ce recueil doit faire
un gros bénéfice, seulement aux jours fériés des Juifs et des chrétiens.

petits, quand l'examen du budget comporte le pénible quart d'heure
où les ministres de l'intérieur passent sur la sellette pour cette
besogne dont ils s'excusent toujours.

IV

Les catholiques du Wurtemberg ont dans leur capitale, à Stuttgart,
deux organes : *la Feuille populaire allemande*, quotidienne, fondée
en société par actions en 1848. Ce journal, avec 4,000 abonnés
environ, paraît au prix de 12 fr. 75 en format de 28 × 42 centimètres
carrés, avec de nombreux suppléments et annonces dont le tarif est
de 15 pf. = 0 fr. 1875 par ligne. Mais il y a une édition hebdomadaire curieuse, très répandue et très influente, sous le titre de :
Feuille du dimanche catholique, à huit pages, au prix de 0 fr. 75 par
trimestre. Le tirage est de 70 à 80,000. Il y a dans le numéro que
nous analysons 18 colonnes d'annonces à 30 pf. = 0 fr. 375 la ligne,
à moitié prix pour les annonces mortuaires ou pour les demandes
de places et de louage.

Cette feuille, très bien rédigée, bien agencée et répandue au loin,
donne un bénéfice considérable. En tête du n° 9 de la 48e année,
à gauche du titre surmonté de la croix, il y a la vignette de la
sainte Vierge avec l'Enfant Jésus, le calendrier catholique hebdomadaire, à droite le tarif des annonces et d'abonnement. Au
milieu, entre la date et le chiffre du tirage, il y a l'indication de
l'épître et de l'évangile du dimanche courant et de la couleur litur-
gique. En France, il n'y a guère que *la Croix* qui, parmi les
journaux parus dans les derniers temps, ait arboré aussi franchement l'étendard du Christ et de son Église. Mais le journal de
Stuttgart est sorti, il y a déjà près d'un demi-siècle, du zèle apostolique de quelques laïques silencieux, calmes, modestes, s'élevant
pour le bon combat en plein entourage protestant sectaire et
franchement incrédule. Ajoutons que ces quelques vétérans de la
cause catholique furent, au début, très liés avec les grands démo-
crates chrétiens de France, les Montalembert, les Falloux, les Dupan-
loup et autres de la génération de la deuxième République qui semble
avoir été enterrée et oubliée à jamais sans laisser ni traces ni se-
mences. En Allemagne, cette génération idéaliste, vraiment catholique, aux vues larges, aux idées sûrement sociales, n'a pas encore
disparu entièrement : elle a réussi à inoculer aux congrès catholiques et au parti catholique le plus essentiel de ses idées substantielles.
Les Probst, les Joerg survivent encore ; tant d'autres ont laissé
une empreinte et des traces durables, dont la génération suivante a
pu profiter largement, d'autant plus que la miséricordieuse Provi-

dence a abandonné à l'aveuglement les adversaires et laissé sur-
venir l'épreuve salutaire, à l'inappréciable leçon de catéchisme et
d'histoire sacrée durant le Kulturkampf.

Les événements des différents pays du monde sont résumés, dans
cette excellente feuille [1], par un catholique convaincu et bien
orienté ; 6 informations diverses donnent des détails circonstan-
ciés pour les différents pays allemands. A cela se joint le récit très
dramatique d'un voyage ou pèlerinage à Notre-Dame de Lorette et
aux sanctuaires d'Italie. L'auteur doit être un prêtre, sinon un ter-
tiaire de Saint-François. Le troisième sujet est un feuilleton mora-
liste traitant, à l'occasion du mardi gras, « du démon de la danse »,
d'après des témoignages oculaires et des faits réels ; des faits divers,
des petites poésies font suite à ce feuilleton. Les nouvelles officielles
et administratives terminent la partie politique.

Les dernières colonnes de la 3e page donnent une liste de pieux
lecteurs dévots envers saint Antoine de Padoue et d'autres saints.
La liste des dons réunis *en une seule semaine*, *en un pays et une
capitale protestants*, avec un total de 3507 marcs = 4383 francs pour
40 bonnes œuvres diverses, est des plus suggestives. Il y a là-dedans
des dons — 135 francs pour le pain de saint Antoine à Toulon ;
pour les sœurs missionnaires dans les mers du Sud, pour les Armé-
niens, pour les Pères Blancs en Afrique, pour les missions en Chine,
pour les affamés des Indes, pour les Trappistes en Turquie, etc., etc.

Je ne connais guère de feuille politique populaire plus noble,
plus charitable, plus franchement exempte des hérésies contempo-
raines, à savoir de l'esprit de parti, de secte, de nationalisme
exclusif, de ces poisons délétères au sein de la catholicité du xixe
siècle. Mais il n'y a rien là d'étonnant. La presse catholique, les feuilles
locales de Stuttgart, la vie et les œuvres, le parti catholique au
pays du Wurtemberg doivent leur origine à un homme, octogénaire
maintenant, d'une douceur et d'une pureté de vie rares ; à quelqu'un
qui, pour avoir été l'ami des meilleurs catholiques en plusieurs pays,
a fait œuvre pour tous les temps — *œre perennius monumentum
exegit.* Siégeant d'abord, seul catholique durant 50 ans, dans un
parlement protestant, il a pu servir de guide et de conseiller,
avec l'ascendant vénérable d'une véritable autorité sociale, aux jeunes
de la génération suivante. Cent vingt-cinq calendriers ou almanachs illustrés, très volumineux parfois, du prix de 0 fr. 25 à 1 fr. 25,
avec des milliers et quelquefois 100,000 lecteurs catholiques, pénè-

1. Les dessins et vignettes du *« Katholisches Sonntagsblatt »* évoquent les
visions et les vues de quelques coins privilégiés de l'Allemagne du Sud, dont
Xavier Marmier, de l'Académie française, a décrit plusieurs avec la grâce attendrie
et touchante qu'on connaît à ses récits de voyage.

trent dans tout intérieur, dans chaque maison. Le plus ancien
d'entre eux s'édite chez Reber à Lucerne : fondé en 1640, il a paru
longtemps en Saxe d'abord. Soixante-seize almanachs catholiques
ont été fondés après 1870.

Les associations de presse catholique sont au nombre de trois,
toutes nées de l'impulsion apostolique du regretté chanoine Schorde-
ret et de quelques collaborateurs allemands qui ont embrassé avec
une ardeur profonde et une ténacité inébranlable les idées des fon-
dateurs de la Correspondance de Genève, de l'œuvre de Saint Paul,
des sociétés de Saint-François-de-Sales, de Saint-Charles-Borro-
mée et de Saint-Augustin pour l'apostolat et la profusion de la
presse chrétienne.

La plus ancienne, la plus vigoureuse et la plus importante est
l'association de Saint-Augustin, fondée en 1877, embrassant, d'après
la liste des membres et participants éditée en mars 1898, près de
600 évêques, prêtres, députés, nobles, libraires, éditeurs, écrivains,
rédacteurs et publicistes chrétiens en Allemagne et en Suisse. La
Feuille de Saint-Augustin, mensuelle, est leur organe. L'association
s'est ramifiée en groupes ou centres : I du Bas-Rhin, II de la West-
phalie-Hanovre-Oldenbourg, III de la Bavière, IV de l'Allemagne du
Sud-Ouest (Alsace-Lorraine), Bade, Wurtemberg, V de l'Allemagne
centrale. L'Autriche compte quatre associations de la presse
catholique provinciale et une association spéciale dite de la Presse
chrétienne. 14 bureaux de correspondances littéraires et politiques fournissent des informations de tout genre à la presse catholique allemande ; 12 autres bureaux et agences fournissent des
feuilletons et des informations exclusivement littéraires ; 11 maisons
des autotypies et des héliogravures, 22 grandes maisons d'édition
et de librairie fournissent des clichés. Le nombre des journaux
allemands représentés en France, c'est-à-dire à Paris, le nombre
des correspondants n'est pas facile à établir. C'est un fait certain
et regrettable que la presse catholique est loin d'être repré-
sentée comme elle le mérite. Cette insuffisance a donné lieu, dans
les derniers temps surtout, à des malentendus, à des polémiques,
à des discussions déplorables au sein de la catholicité, entre deux
camps de frères d'une même Église, à un moment et à une époque
où l'union stupéfiante des adversaires fait leur force d'assaut par-
dessus toutes les frontières et toutes les nationalités de l'Église du
mal. Que le Saint-Esprit veuille enfin éclairer ceux des frères au delà
et en deçà qui ne comprennent pas encore que par-dessus les
Vosges et le Rhin il y a bien d'autres combats communs à soutenir,
et que du jour où les enfants de l'Église en France et en Allemagne
iront résolument à la barre, ils auront touché au gouvernail qui

porte les destinées du monde ! Qui donc braverait l'Église si les catholiques français organisés se mettaient d'accord avec les catholiques de langue allemande pour dire résolument : On ne passe pas ? Il le faudra pourtant, puisqu'il y va du salut de la chrétienté et du monde. J'ai déjà signalé plus haut quelques passages enthousiastes — qui seront prophétiques pour le xxᵉ siècle — dans lesquels Montalembert, avec lui Donoso Cortès et Balmès, O'Connell et des Américains saluaient en 1849 le premier congrès des comités catholiques fondés par les inoubliables Buss, Ketteler, Goerres, Joerg, Probst et autres. C'est chose singulière, inexplicable, sinon funeste et inexcusable, que les expositions universelles réunies à Paris aient profité à toutes les entreprises et œuvres de destruction surtout, mais que jamais le Saint-Esprit n'ait pu réussir à faire surgir des apôtres pour cette cause catholique qui prime presque toutes les autres.

Voilà une occasion où il conviendrait de prier le Paraclet d'intervenir pour qui se vérifie ce que le prophète [1] et saint Paul ont prévu.

V

Terminons notre esquisse, forcément sommaire, par un aperçu rapide de la presse socialiste en langue allemande.

Dans le nombre considérable de journaux ouvriers socialistes des deux mondes, périodiques quotidiens, bi-hebdomadaires, paraissant de 1 à 7 fois par semaine, il y en a 72 en Allemagne dont le *Vorwaerts*, à Berlin, est le plus important, à la fois en Allemagne et dans le monde ouvrier entier. Son tirage et ses recettes sont considérables. Qu'on en juge par cet exemple. Le numéro du dimanche avant Noël, que la presse de Berlin appelle le « dimanche d'or », donna au *Vorwaerts*, en 1896, pour 13 pages 3/4 d'annonces à 0,50 c. la ligne, la somme de 4,700 francs.

L'Autriche compte 20 journaux à tendances socialistes imprimés en langue allemande, la Suisse 10, les États-Unis 18.

Ajoutons que la presse socialiste des pays anglo-germains dans les deux mondes tombe chaque jour davantage sous l'influence de l'école marxiste et des partisans socialistes imbus des tendances allemandes. Ce courant fut depuis l'origine des partis socialiste et anarchiste, depuis que K. Marx et Michel Bakounine ont quitté l'école commune de Hegel pour devenir chefs d'école et de races en opposition plus ou moins ouverte, plus ou moins violente, et disputa

---

1. Psaume CIII, 30 : CXLII, 10 ; S. Marc, XIII, 11 ; I Cor. XII, 7-11.

toujours le terrain, en Espagne, à Carthagène, à Barcelone ; en Italie,
en Sicile, à Rome, à Milan, à Lugano ; à Genève ; en France, à Paris,
à Lyon, à Marseille, en 1871, en 1898 aux menées occultes, mi-poli-
tiques et nationalistes, mi-anarchistes, panslavistes et russophiles
toujours et partout, en dépit des apparences voulues pour les naïfs.
Si je ne me trompe, les partisans anarchistes du monde slave et
latin, les disciples de l'observance de Bakounine [1] sont en passe de
rentrer eux aussi dans les rangs. La réunion des délégués de
trois groupes socialistes russes : groupe pour l'affranchissement des
classes ouvrières ; l'association ouvrière générale juive ; le groupe
de l'*Arbeiter Zeitung* — qui a eu lieu en 1898 — n'a abouti en somme
qu'à formuler un programme, à créer un cadre plutôt à l'occidentale ; l'exclusion du monde et des éléments bourgeois, le choix d'un
comité central exécutif et de la *Gazette des travailleurs* allemande en
place de l'organe russe, d'autres symptômes rappellent bien les pro-
cédés du parti marxiste ; c'est la première fois que la parole célèbre
de K. Marx et de Fr. Engels, le « manifeste des ouvriers », pénètre
dans l'empire des tsars. Jusqu'à présent, le parti de l'action anarchiste apparut, opéra, disparut à certains moments comme par en-
chantement, ou plutôt comme manié par des mains invisibles,
savantes, occultes. Cela coïncida toujours avec le moment psycho-
logique où le tsar devait signer un ukase important, faire un pas
en plus vers les conquêtes prévues. A présent, il semble qu'il y
aura une action combinée avec les partis ouvriers des autres pays,
une politique ouvrière russe distincte des visées ambitieuses et des
menées occultes de diplomates bourgeois. Ceci devait venir avec
l'industrialisme occidental, avec l'or français, anglais et belge : il n'y
a pas de place en Russie et pour la *Marseillaise* et pour l'*Hymne au
tsar*. Quand les hommes bafouent ou oublient la logique, l'histoire
se charge de la leur rappeler. La Russie aura donc aussi, à partir de
1898, ses socialistes et ses journaux plutôt ouvriers. Le champ est dés-
ormais ouvert pour les ambitieux, pour les jeunes savants idéologues,
juifs ou chrétiens, incrédules généralement, pour les avocats et les mé-
decins, pour les lettrés et pour les bas-bleus, pour le nombre infini de
gens sans scrupule, pour qui tout phénomène nouveau est un filon à
exploiter au mieux de leurs visées secrètes. On a vu partout, toujours, l'élément sémite se glisser dans les rangs, essayer de s'emparer

1. La publication de la correspondance de feu M. Bakounine avec feu A. Herzen,
beau-père de M. G. Monod, chez Perrin, Paris, 1896, a enfin levé le dernier doute
et justifié l'affirmation inébranlable des hommes bien renseignés qui disaient,
depuis l'époque de la commune de Paris-Lyon-Marseille-Carthagène, que Bakounine n'avait été qu'un agent politique travaillant en Sibérie et ailleurs avec des
hommes d'État russes, alors dans l'opposition, depuis ministres et ambassadeurs.

des cadres, de la direction. Ce fait s'explique par plusieurs raisons dont l'irreligion, la haine de l'Église et de tout ce qui y tient, partant la tendance forcément internationale à un catholicisme du mal, à opposer au vrai catholicisme, sont les plus évidentes et les plus naturelles. C'est pour cela que les loges de toute observance et de tout rite sont forcément prisonnières, seront les complices des adeptes les plus avancés. Quand les bons moutons « catholiques » des différentes Églises et nations auront compris cet état de choses simple, logique, ils trouveront que leur devoir est tout tracé, qu'il est indiqué d'apprendre de l'ennemi. Mais d'ici là !

Le Juif lettré et le prolétaire des grandes agglomérations, protestantes surtout, trouvent difficilement à se classer dans les partis et dans les classes fermées d'une nation, d'une confession religieuse active. L'activité sociale, la vie pratiquement religieuse des catholiques a généralement empéché le socialisme et le sémitisme de prendre racine et de pousser dans les centres vraiment catholiques. Le mouvement socialiste et l'accroissement des votes émis aux différentes élections en Allemagne sont un exemple frappant. Tandis que dans les pays et diocèses catholiques, là où il y a une vie d'association active, une organisation vivace, dans le pays de Bade, dans le diocèse de Fribourg, dans la partie catholique du Wurtemberg, dans les différents diocèses le long du Rhin, depuis Constance jusqu'à Cologne, les voix socialistes ont diminué, partout dans les mêmes pays, mais dans les États surtout, dans les capitales et agglomérations protestantes, l'augmentation s'est accrue dans des proportions incroyables. Les 56 députés socialistes sont les députés des capitales et grandes villes protestantes. De 102,000 votes émis en 1871, le nombre monta à 494,000 en 1877 ; diminuant en 1881, il progressa en 1890 à près de 1 million 1/2, à 1,787,000 en 1893 et à 2,170,476 au 20 juin 1898. Dans le seul royaume de Prusse, l'augmentation fut de 200,000 voix et la proportion fut presque la même dans les autres États protestants. C'est un fait qui fit dire à l'organe officiel de démocratie socialiste après les élections du 20 juin 1898 : « parmi les 23 (c'est-à-dire 28 !) grandes villes allemandes, ayant, d'après le recensement de 1895, une population au-dessus de 100,000 habitants, les quatre grandes villes rhénanes de Cologne, de Dusseldorf, de Crefeld, d'Aix-la-Chapelle, font une exception peu honorable. Dans ces villes, c'est le centre, le parti le plus fort, nous ne venons qu'en deuxième ligne. Si l'on y ajoute Essen, « où le candidat ouvrier catholique a battu Krupp, le roi industriel de l'endroit, un des plus riches bourgeois du monde », Essen qui est devenue grande ville avec plus de 100,000 âmes, le parti du centre dépasse six fois les votes socialistes, cinq fois le parti de Krupp ». Elberfeld-Barmen est la seule ville rhénane qui n'ait pas élu un député catholique, mais il y a dans cette circonscription 76 0/0 d'électeurs protestants pour 21 0/0 catholiques. Tandis que la statistique officielle démontre que dans 30 circonscriptions catholiques de la Bavière, dans celles de la Prusse Rhénane, dans le Wurtemberg, dans le grand-duché de Bade, là où ces pays sont catholiques en majorité, le socialisme a rétrogradé, elle constate pour toutes les circonscriptions électorales protestantes des mêmes pays, pour la Prusse orientale et pour la Saxe surtout, un accroissement formidable. Les socialistes ont réuni 1/5, c'est-à-dire 2 millions 1/6 sur 10 millions de voix et rentrent au nombre de 56 dans le parlement.

Que serait-ce si la constitution de 1871 était observée à la lettre et si, avec la population actuelle de 51 à 52 millions au lieu des 39 millions d'alors, 100,000 électeurs élisaient vraiment un député, ou encore si les élections étaient proportionnelles ! On voit combien l'*Osservatore Romano* avait raison de citer le parti catholique allemand comme modèle d'organisation et d'association. Les chrétiens parmi les protestants font de louables efforts pour travailler à la réforme et à une organisation, en dépit de l'antipathie gouvernementale et du mauvais vouloir de la bureaucratie. Mais qu'y faire ? Ils commencent à s'apercevoir que les prêches stériles ne valent guère mieux que les caprices du *summus episcopus* que les ministères et les loges inspirent à leur guise. Ils ont rejeté l'épître de saint Jacques de leur Bible ; ils ne connaissent guère les œuvres de charité et leurs pasteurs sont d'abord époux et pères de famille, sujets loyaux ensuite, et quand ils veulent se faire apôtres, ils deviennent suspects à la bourgeoisie maçonnique et aux princes constitutionnels. Tout cela ne cesse de manger du pape ; tout cela ne cesse de mourir et de moisir. « Qui donc aurait cru, il y a vingt-cinq, trente ans, que la terre entière serait inféodée au pape infaillible ; qui aurait pu croire que le 1/5 de la population allemande, les catholiques, feraient la loi aux autres 4/5, aux protestants, et formeraient une armée, un corps d'attaque plutôt que de défense à qui rien ne pourrait résister ? » Voilà le cri de douleur du plus notable protestant allemand pour 1897. Mais voici ce que le même M. de Gerlach écrit, après les élections de 1898, en face du socialisme, contre lequel le protestantisme s'avoue impuissant, en face de l'action dans l'union des catholiques : « Les élections ont apporté la récompense bien méritée au Centre. Il ajoute 6 (4 !) nouveaux sièges aux 98 qu'il occupait déjà. Presque partout il a vaincu avec ses propres forces, c'est-à-dire dans les élections principales. Le nombre de ses voix est presque partout supérieur à celui qu'il avait obtenu dans les élections précédentes. Il a gagné plusieurs sièges sur les socialistes. Son attitude cor-

recte et inattaquable dans les questions sociales et d'indépendance a
amené la masse des électeurs catholiques, c'est-à-dire les ouvriers, les
fermiers et petits paysans, les artisans, les fonctionnaires de grades
inférieurs à voir dans le Centre le gardien providentiel des droits du
peuple et le zélateur et le moniteur tout indiqué pour une réforme
sociale incisive [1]... L'attitude fière des catholiques en face des candidats libéraux, ministériels, officieux, agrariens ou réactionnaires,
a valu la victoire décisive à leur parti sur toute la ligne. C'est contre
la tour du Centre que les vagues soulevées de l'agrarisme et du socialisme se sont brisées. Le Centre est devenu plus encore qu'au-
paravant le parti décisif ou, comme on a pris coutume de dire en
Allemagne, le parti de gouvernement, c'est-à-dire sans le Centre catholique il n'y a plus de majorité possible en Allemagne. » C'est
exact. Les pays catholiques allemands, opprimés, exploités, ran-
çonnés, bafoués depuis trois siècles par tous les princes, souverains,
conquérants voisins ou félons de l'empire, par toutes les puissances
en révolte contre l'Église et les peuples chrétiens, reçoivent, à l'heure
qu'il est, la récompense et la mission qu'ils ont méritées pour être
restés fidèles à la Papauté, à l'Église, à l'esprit social, fédératif et
corporatif du passé, pour avoir adopté les dispositions disciplinaires
et pastorales en même temps que les dogmes du concile de Trente.
Qu'on étudie l'histoire ecclésiastique, et l'on pourra suivre diocèse
par diocèse, circonscription par circonscription, pour voir mathé-
matiquement que les pays ayant adopté toutes les dispositions du
concile de Trente, conformément aux instructions et négociations

1. Voilà ! Les catholiques allemands ont à présent un rôle, une mission sans
pareils, pleins d'écueils cachés ; pleins de gloire s'ils se mettent toujours sous
la gouverne de la Providence et veulent rester fidèles à la cause du Pape, de
l'Église, du peuple chrétien — car il est encore permis d'appeler ainsi la ma-
jeure portion de la race allemande, — n'avoir en vue que la justice pour tous et
la pitié pour les foules. La constitution allemande de 1871, qui ne vaut pas
même la banale généralité des constitutions modernes, a été taillée à Versailles
pour les Guillaume Ier et surtout pour les Bismarck. Or, jamais les « hommes sécu-
laires » n'ont fait ni souche durable, ni œuvre impérissable, ni histoire, mais tout
au plus époque. L'Allemagne n'a pour garantie de ses libertés et de son avenir
que certain § de sa constitution, c'est-à-dire le pouvoir illimité de son capitaine
généralissime et la signature d'un chancelier impérial : l'épée des Hohenzollern
et la plume d'un ministre sont des assises aléatoires. Il y avait jadis chez les
peuples de l'Europe sinon un Conseil privé et un garde du sceau responsable et
justiciable, du moins toujours un tribunal suprême où les caprices des rois, les
complaisances des ministres pouvaient être cités et jugés. L'Allemagne ancienne,
celle de la Confédération germanique encore, avait au moins un tribunal fédéral
où les questions d'ordre public se traitèrent. Plus rien de cela après 1871. Le
souverain peut se trouver placé face à face avec le peuple. Que faire le jour où
le peuple donnera sa confiance aux socialistes ? que feront le Reichstag, le Conseil
fédéral, le chancelier ? qui jugera en dernier ressort ? *Ultima ratio gladius !* C'est
bien la peine d'en être arrivé là comme au sommet du progrès tant prôné.

du B. Canisius, légat du Pape, sont justement ceux qui ont la vie catholique la plus active et les élections les plus fidèles.

Voyons par contre les pays qui ont rejeté le Pape, la réforme du concile de Trente, voyons les grands centres : Berlin, Hambourg, Brême, Magdebourg, Francfort, qui sont avec quelques villes et centres industriels à population ouvrière très dense, les villes où le socialisme, le sémitisme, le protestantisme rationaliste sinon athée ont le plus de partisans, de députés, de journaux. C'est de ces milieux que la propagande socialiste, sémite, se déverse sur les autres parties du pays, voire sur l'étranger, sur les deux mondes. L'intégrité et l'attitude irréprochable, désintéressée des catholiques allemands, de leurs députés, de leur presse, — le clergé, les ordres, l'épiscopat ont été et sont aux yeux de tous respectés comme ils l'ont rarement été depuis le moyen âge, — en ont imposé jusqu'à présent aux socialistes comme aux autres partis ; le ton de la polémique et tout le maintien du parti ouvrier en ont gagné et se sont radoucis de beaucoup. La presse socialiste n'a pas hésité à proclamer tout haut que les députés catholiques avaient eu, durant vingt ans et plus, une conduite digne de toute estime : d'autre part, des publications sociologiques, historiques, faites par des prêtres, des religieux, par des savants catholiques, trouvent non seulement un écho favorable, mais une place marquée dans les bibliothèques socialistes. Lorsqu'un savant Jésuite de l'université d'Innsbruck publia, dans l'ordre des recherches faites par Janssen sur le moyen âge, une étude sur le xiiiᵉ siècle, ce fut en 1897 le conseil du parti socialiste qui imposa l'introduction de cette belle étude dans les bibliothèques stables et roulantes du parti. A en juger par l'affluence inespérée des hommes de toutes les classes, mais des ouvriers surtout se pressant autour des chaires où les religieux de Saint-François prêchent des missions depuis quelques années ; à en juger d'autre part par le nombre et les titres significatifs de publications destinées aux enfants de Saint-François, il ne semble pas téméraire de croire que le pauvre Christ et le pauvre d'Assise se sont émus de pitié pour la foule. Il y a d'ailleurs un si vaste champ pour les apôtres qui voudraient évangéliser ces masses socialistes, pour les prières et la pénitence des fidèles qui voudraient demander à l'Esprit de lumière, Consolateur et Paraclet de planer de nouveau sur ces eaux !

Jetons pour terminer un coup d'œil sur les publications périodiques et les revues spéciales ou professionnelles. Relevons dans le nombre énorme 18 revues et journaux d'architecture et de génie, paraissant 5 à Berlin, à Vienne, à Leipzig, à Stuttgart ; 12 pour les industries minières : 4 pour l'imprimerie ; 38 revues littéraires et artistiques illustrées ; 23 pour les modes, dont 12 à Berlin. M. Dureau, le bibliothécaire de l'Académie de médecine à Paris, a fait la statistique, forcément approximative, des publications médicales et pharmaceutiques à périodicité fixe. Il en a relevé 147 pour la France, dont 35 à Paris ; pour l'Allemagne confédérée il en trouve 133, pour l'Autriche 54, pour la Russie 26, pour la Suisse 10, pour toutes les Amériques 186 ; bon nombre de ces publications, en Russie et en Amérique, la majorité en Suisse et en Autriche, se publient en langue allemande et s'inspirent des méthodes et des écoles allemandes.

Dans le nombre des journaux professionnels pour toutes les industries manuelles, j'en relève 186 en langue allemande ; pour le commerce, le transport maritime et les branches similaires, généralement très bien desservis par la partie économique et commerciale des grands quotidiens allemands, il y a 15 publications spéciales ; l'agriculture et les associations agricoles sont traitées dans 60 publications ; la viticulture, l'arboriculture, l'apiculture par 17 ; les sports par 30 ; les associations militaires [1] en ont 10 ; les publications pédagogiques non catholiques sont au nombre de 14 ; les sciences économiques, politiques, juridiques se traitent dans les revues et recueils publiés par des professeurs associés de la plupart des universités ou académies ; les fonctionnaires ont un certain nombre de journaux spéciaux.

La presse allemande n'a rien de comparable au bel *Annuaire de la presse française*. Est-ce un bien, est-ce un mal ? Le fait s'explique

---

1. L'association des vétérans et d'anciens soldats — les *Kriegervereine* — allemands, vaste fédération fortement constituée à travers l'empire, embrassant des centaines de milliers de réservistes, a tenu son assemblée générale de délégués au 10 juillet 1898. Le général président a touché, dans son discours certainement officieux, à un point vulnérable. « Je veux commencer par vous parler, avant d'aborder l'ordre du jour, d'une question qui vous a sans doute tous émus. Les dernières élections nous ont prouvé d'une manière indiscutable que nous avons parmi nous un nombre considérable d'hypocrites et de trompeurs, je ne puis pas dire autrement. Hypocrites et trompeurs ! Chaque socialiste doit les mépriser aussi, peu importe l'opinion qu'on ait du socialisme. Ces gens trompent leur cercle et la ligne entière ; ils naviguent sous un pavillon de contrebande ; ils savent qu'ils ne sont ni pour l'empereur ni pour l'empire, ni pour les princes confédérés, ni pour le sentiment national. Ces gens savent bien qu'ils veulent renverser tout cela. Il faut repousser ces gens. Je ne dis pas seulement mon opinion personnelle, mais c'est aussi celle de voix autorisées : il faut agir contre tout socialiste et de toute façon. Ce n'est pas de la politique cela, ce n'est que l'observation de nos statuts qui ont reçu l'approbation. » Le brave général partit en même temps en guerre électorale contre les Hanovriens et les Polonais restés fidèles aux souvenirs du passé. L'avenir sera semé d'épines.

en Allemagne par le fait de la scission religieuse et par la décentralisation politique et administrative. Indépendamment de sa position géographique défavorable et de son histoire récente, Berlin ne prendra jamais un rôle, ni ne produira des œuvres centralisatrices — bonnes ou mauvaises — comme Paris pour la France. Les gigantesques entreprises d'annonces, fondées par des maisons juives comme celle de Mosse (Moses !) ou de Haasenstein, ont essayé de suppléer à cette lacune apparente. Leurs vastes compilations et volumineux catalogues d'adresses remplissent jusqu'à 5,000 pages. Ces moyens et d'autres leur ont permis de prendre place dans la presse et dans la publicité. Ils affectent généralement la neutralité des gens d'affaires, mais le bout de l'oreille ne perce que trop souvent. Le danger est devenu réel, mondial depuis que ces maisons se sont syndiquées avec d'autres congénères, travaillant avec la même race présente partout et nulle part assimilable, avec les mêmes capitaux internationaux pour s'emparer des informations et des agences politiques locales, nationales, internationales. Ce danger, que le troisième empire a laissé naître en France, va grandissant depuis 1877. C'est aux élections de cette année, au 16 mai, plus tard à l'occasion des grandes banqueroutes occidentales, récemment à l'occasion de ce fantastique coup de vengeance sémite qui a comme noms le procès Zola et la guerre hispano-américaine, c'est depuis 1875 jusqu'à 1900 que l'Europe et le monde auront pu voir surtout qu'ils sont à la merci de ces agences et des journaux affiliés. Le calme ne renaîtra, on ne verra clair de nouveau que quand des apôtres chrétiens de la presse auront brisé les ressorts de cette bête apocalyptique et mis à sa place une organisation chrétienne, catholique et apostolique que quelques prophètes incompris ne cessent de prêcher dans le désert depuis vingt-cinq ans. Ce sera parmi les œuvres de l'avenir une des plus essentielles, parmi les apostolats un des plus efficaces et des plus nécessaires.

Il y a en Allemagne, en Suisse, en France, en Amérique, en Italie, des éléments locaux et nationaux ; il y a des journaux assez riches, des groupements assez importants, des dévouements assez humbles et charitables, des œuvres et des entreprises qui, le jour où ils voudront être catholiques tout court, comme les autres sont francs-maçons sans épithète, pourront opérer ce prodige, et tuer la « grande bête », détruire le mystère de l'iniquité et du mensonge. Il y a la résurrection de la vie et de l'apostolat franciscains. On ne retournera pas à la vérité tant que l'électricité sera asservie au mensonge et lui servira de porte-parole rapide et foudroyant ; on ne reverra pas de catholicité vraie, de fraternité bienfaisante tant que la simplicité de la parole de vérité sera ternie et torturée par l'esprit de secte, de parti, de nationalité. Quand devra arriver ce que J. de Maistre avait en lui comme un secret intime, c'est-à-dire quand se fera comme une avant-dernière révélation dans l'esprit des masses, ce ne sera que quand la presse sera devenue un apostolat, quand elle sera soumise à la vérité catholique simple, sans alliage d'éléments hétérogènes. Alors seulement, on sera, pour ainsi dire avec J. de Maistre, étonné de voir et de comprendre que ce que l'on cherchait dans le malaise des discussions et des disputes est simple, et ce jour-là la révolution sera finie, certes ; car les mots auront retrouvé leur sens véritable, les choses, les gens, les peuples seront remis à leur place devant Dieu et devant l'histoire, qui n'est que le greffier du juge divin.

Poitiers. — Société française d'Impr. et de Libr. (OUDIN ET Cⁱᵉ).

www.ingramcontent.com/pod-product-compliance
Ingram Content Group UK Ltd.
Pitfield, Milton Keynes, MK11 3LW, UK
UKHW021016120726
13693UKWH00005B/2026